新疆企业债券发展研究

Research of
Corporate Bonds Developing of
Xinjiang

白 萍 李会芳 马延亮 袁丽君
著

经济管理出版社

图书在版编目（CIP）数据

新疆企业债券发展研究/白萍等著 . —北京：经济管理出版社，2019.6
ISBN 978 - 7 - 5096 - 6648 - 7

Ⅰ.①新… Ⅱ.①白… Ⅲ.①企业融资—债券融资—研究—新疆 Ⅳ.①F279.274.5

中国版本图书馆 CIP 数据核字（2019）第 101705 号

组稿编辑：杨雅琳
责任编辑：杨雅琳　张玉珠
责任印制：黄章平
责任校对：王淑卿

出版发行：经济管理出版社
　　　　　（北京市海淀区北蜂窝 8 号中雅大厦 A 座 11 层　100038）
网　　址：www.E - mp.com.cn
电　　话：(010) 51915602
印　　刷：三河市延风印装有限公司
经　　销：新华书店
开　　本：720mm × 1000mm/16
印　　张：10
字　　数：142 千字
版　　次：2019 年 6 月第 1 版　2019 年 6 月第 1 次印刷
书　　号：ISBN 978 - 7 - 5096 - 6648 - 7
定　　价：48.00 元

·版权所有　翻印必究·
凡购本社图书，如有印装错误，由本社读者服务部负责调换。
联系地址：北京阜外月坛北小街 2 号
电话：(010) 68022974　邮编：100836

前 言

发行企业债券是一个地区实施稳增长、调结构、促改革、惠民生等重点调控政策的重要抓手,是支持国家重点项目落地、扶持新兴产业发展和培育新的经济增长点的重要手段。企业债券在支持重点领域重点项目、支持扩大有效投资、支持实体经济发展,"稳增长、调结构、补短板"等方面发挥了重要作用。

新疆企业债券是我国企业债券市场的重要组成部分。2010年新疆发行第一只企业债,至2017年底,共发行56只企业债券(不含生产建设兵团),占全国总发行只数的1.73%;合计发行规模572.6亿元,占全国总发行规模的1.38%。资金主要投向城市基础建设、棚户区改造等保障性安居工程建设,为新疆稳增长、调结构、惠民生做出了积极贡献。但新疆与东中部省份相比,投融资市场发育迟缓,企业债券融资推进工作力度不足,债券融资在"稳增长、促改革、调结构、惠民生"等方面的带动作用尚有较大的发展空间。

本书主动适应当前新疆投融资需求,以新疆企业债券市场为研究对象,梳理我国企业债券的主要品种,比较企业债券和其他融资方式的特点和优势,总结我国企业债券的发展特点。在政策法规框架的基础上,从发行规模、发行主体分布、募投项目选择、债项评级和主体评级类别等方面全面分析了新疆企业债券发展的特点和存在的问题，尤其是深入分析了融资平台作为新疆企业债券市场上最主要的发债主体，其在利用企业债券融资工具服务地方经济发展过程中存在的主要问题和未来转型发展的主要方向。在学习和借鉴其他省区推进企业债券融资工作的成功经验和做法的基础上，通过完善企业债券各项制度，规范引导企业债券各主体履职尽责，加强存续期监管和防控企业债券信用风险。最后，从建立企业债券组织领导架构、加快企业债券品种创新、培育壮大发债主体、规范引导中介机构行为、加大募投项目储备、设计完善的企业债券增信措施等方面，提出了加快推进新疆企业债券发行工作的政策措施建议。

本书对于加快推动新疆企业债券发行工作，提高直接融资比重，切实有效地发挥企业债券在支持实体经济发展、丝绸之路经济带核心区建设等方面具有重要的理论意义和现实意义。

目　录

第一章　企业债券融资概述 ·· 1

　第一节　企业债券定义及发展概述 ··· 1
　第二节　企业债券品种概述 ·· 3
　第三节　企业债券和其他融资方式比较研究 ······································· 9
　第四节　我国企业债券发展现状 ·· 12
　第五节　企业债券政策体系介绍 ·· 17

第二章　新疆企业债券融资现状 ··· 30

　第一节　新疆企业债券融资概况 ·· 30
　第二节　新疆企业债券发行主体分析 ·· 31
　第三节　新疆企业债券融资规模及募投项目分析 ······························ 33
　第四节　新疆企业债券评级 ·· 43

第三章　新疆企业债券融资平台公司研究 ······································ 46

　第一节　融资平台公司历史起源与发展路径 ···································· 46

第二节　新疆融资平台公司发展现状分析及存在的问题 …………… 52

第三节　平台公司整合和转型方法及案例分析研究 ………………… 64

第四章　新疆企业债券融资存在的主要问题 ……………………………… 68

第一节　新疆企业债券发行过程中存在的问题 ……………………… 68

第二节　新疆企业债券存续期风险问题 ……………………………… 73

第三节　市场层面的问题 ……………………………………………… 77

第五章　新疆企业债券风险防控 …………………………………………… 81

第一节　新疆企业债券风险防范与管理制度设计 …………………… 82

第二节　新疆企业债券存续期风险管理要点和风险防控 …………… 86

第六章　国内企业债券融资经验借鉴与启示 ……………………………… 91

第一节　国内省市推进企业债券融资工作的经验借鉴 ……………… 91

第二节　对新疆企业债券融资工作的启示 …………………………… 102

第七章　加快新疆企业债券融资发展和创新的政策措施建议 …………… 106

第一节　新疆企业债券发展的方向和趋势 …………………………… 106

第二节　加快新疆企业债券融资发展的政策措施建议 ……………… 112

附件　国家发展和改革委员会公开发布企业债券（专项债券）
发行指引 …………………………………………………………… 123

附件1　农村产业融合发展专项债券发行指引 ……………………… 124

附件2　社会领域产业专项债券发行指引 …………………………… 126

附件3　绿色债券发行指引 …………………………………………… 128

附件 4　配电网建设改造专项债券发行指引 …………………… 132

附件 5　双创孵化专项债券发行指引 ………………………… 134

附件 6　城市停车场建设专项债券发行指引 ………………… 136

附件 7　养老产业专项债券发行指引 ………………………… 138

附件 8　战略性新兴产业专项债券发行指引 ………………… 140

附件 9　城市地下综合管廊建设专项债券发行指引 ………… 142

附件 10　政府和社会资本合作（PPP）项目专项债券发行指引 ……… 144

附件 11　国家发展和改革委关于支持优质企业直接融资进一步增强企业债券服务实体经济能力的通知（发改财金〔2018〕1806 号） ………………………… 147

参考文献 ……………………………………………………………… 151

第一章　企业债券融资概述

第一节　企业债券定义及发展概述

一、企业债券的定义

债券是重要的金融工具之一，债券市场为我国经济建设提供了大量的资金。自1981年恢复国债发行以来，我国债券市场不断发展，从摊派发行到市场化发行，从单一市场到场内场外多层次市场，债券品种也在不断地丰富和扩大，主要包括国债、地方政府债、中央银行票据、政策性银行债、企业债券、公司债、中期票据、短期融资券、非公开定向融资工具（PPN）等。

企业债券是我国历史最悠久、法律地位最明确的信用债券品种。按照国务院1987年3月颁布实施的《企业债券管理暂行条例》规定，"企业债券是指企业依照法定程序发行、约定在一定期限内还本付息的有价证券"。30年来，企业债券伴随着改革开放的历史大潮不断创新求变。从1987年企业债券发行量不足100亿元，主要为少数大型中央企业提供融资服务，逐步发展到2016年全年发行量超过7000亿元，年存量规模近5万亿元，融资主体涵盖中央、省、市、县各级国有企业和民营企业。企业债券走过了不平凡的30年，为提高全社会直接融资比重，促进国民经济平稳健康发展，发挥了重要作用。

企业债券代表着发债企业和投资者之间的一种债权债务关系，企业债券与股票一样，同属有价证券，可以自由转让。企业债券发行期限一般在3年以上，以5~10年居多。目前已发行的企业债券期限最长的为30年。从权益方面考虑，企业债券为债务性融资工具，属于企业负债（定期付息，到期还本）。从期限方面考虑，由于企业债券期限至少在1年以上，故属于资本市场融资工具，发行企业债券属于资本市场（非货币市场）融资行为。

二、企业债券的特征

一般来说，企业债券主要具有以下几个显著特征：

1. 契约性

作为一种有价证券，企业债券实际上代表着一种债权债务的责任契约关系。企业债券主要通过规定债券发行人在既定的时间内必须支付利息，在约定的日期内必须偿还本金，从而明确双方的权利、义务和责任。这一特征表现在两种方式中，一种是债券持有人对发行人的特定资产（一般是指不动产）具有索偿权，一旦发行者的经营出现问题，企业债券持有者则可要求以已经指定的资产进行赔偿，这种债券实际上是抵押债券；另一种是企业债券的持有人不对企业资产具有索偿权，其索偿权是针对发行者的一般信誉而言的，这是企业债券中责任关系的通常形式。

2. 优先性

企业债券的持有人只是企业的债权人，不是所有者，他无权参与或干涉企业日常的经营管理和决策工作。但债券持有人有按期收取利息的权利，其收入在会计科目上计入成本，所以在顺序上要优先于股东的分红。而当发债的企业经营破产后清理企业资产时，债券持有人可优先于股东收回本金，且企业债券一般都在发行时便确定还本的期限。

3. 通知偿还性

部分企业债券附有通知偿还的规定，即发行者具有可以选择在债券到期之前偿还本金的权利。通常当发行债券的企业准备降低债券利率时使用这种权利，届时企业可以随时通知偿还一部分或全部的企业债券。

第二节　企业债券品种概述

一、企业债券品种划分

根据发行主体的不同，企业债券可分为城投债与产业债，其中前者是地方政府融资平台发行的企业债券，后者则是一般生产性企业发行的企业债券，在发行量上前者占据绝大多数。

根据发行条件及债券特征的不同，企业债券又可分为普通平台债、专项债、项目收益债、小微企业增信集合债、可续期债等品种，在发行量上普通平台债占据一定优势。

二、企业债券各品种发行条件

2014年国发43号文《国务院关于加强地方政府性债务管理的意见》及2015年1月证监会《公司债券发行与交易管理办法》推出以来，国家发改委陆续发布了1327号文《国家发展改革委办公厅关于充分发挥企业债券融资功能支持重点项目建设促进经济平稳较快发展的通知》、3127号文《关于简化企业债券审报程序加强风险防范和改革监管方式的意见》，对企业债券发行条件进一步细化明确，陆续推出各类专项债券发行指引，形成了以普通平台债为主体、以专项债、项目收益债、小微企业增信集合债、可续期债等创新品种债券为补充的企业债券新格局。

1. 普通平台债

政府融资平台发行普通平台债，主要发行条件分为主体条件和财务条件两大类，其中主体条件包括：①发行人为中华人民共和国境内注册的非金融类企业法人。②发行人为非上市公司（A股）或其子公司。③发行人成立时间满3年（以能否出具最近3年连续的财务报告为依据）。④发行人最近3年无重大违法违规行为。⑤发行人前一次公开发行的企业债券（若有）已募足。⑥发行人未擅自改变前次企业债券（若有）募集资金的用途。⑦发行人已发行的企业债券或其他债务未处于违约或延迟支付本息的状态。⑧发行人主体评级不低于AA－，债项评级不低于AA。⑨募投项目收益仅需要运营期覆盖总投资（内含报酬率大于零），债券存续期项目收益覆盖利息（固投资产投资部分，不包括补流部分），债券存续期项目收益覆盖不了本金的，仅需出具本金解决方案即可，加强对项目收益测算和定价依据的审核。

财务条件主要包括：①股份有限公司净资产不低于人民币3000万元，有限责任公司和其他类型企业不低于人民币6000万元。②AA、AA＋、AAA的发行人资产负债率应分别小于65%、70%和75%，否则应补充有效增信措施。③对于发行人主体评级AA-的，政府类应收款项占净资产的比例不得超过40%；主体评级AA及以上企业的政府类应收款项原则上不超过净资产的60%。④补贴与营业收入比例不超过3∶7。⑤最近3年连续盈利，最近3年平均净利润足以支付债券一年的利息。⑥发行人高利融资金额不超过总资产的9%，且2014年9月26日之后的高利融资金额不得超过总资产的4%。⑦本期债券发行后，发行人累计债券余额不得超过其最近一个会计年度有效净资产的40%。

2. 小微企业增信集合债券

小微企业增信集合债券简称小微债，是企业债券创新品种之一，也是发改委最早设立的债券品种之一，旨在发挥小微企业在促投资、稳增长中的积极作用。小微债发行条件与普通平台债类似，主要区别如下：①不受资产负债率、收益覆盖的限制。②募集资金以商业银行委托贷款形式发放给小微企业，但对单个小微企业的累计余额不得超过1000万元且不得超过募集资金总额的3%。

3. 专项债券

2015年，发改委先后发布城市地下综合管廊、战略性新兴产业、养老产业、城市停车场、双创孵化、配电网建设改造专项债券及绿色债券发行指引，正式设立专项债券品种。2017年4月，发改委发布政府和社会资本合作（PPP）项目专项债券。2017年8月，发改委又发布了农村产业融合发展专项债券发行指引和社会领域产业专项债券发行指引，至此，专项债券已涵盖社会领域、基础设施等各个方面。从发行条件来看，专项债券与普通平台债有很多相似之处，区别主要在于：①双创孵化专项债券、配电网建设专项债券允许上市公司子公司公开发行，绿色债券允许上市公司及其子公司以公开或非公开方式发行；A 股上市公司及其子公司可作为 PPP 项目专项债券的发行人。鼓励上市公司及其子公司发行农村产业融合发展专项债券，需满足，a）企业自持规模不低于 3 亿元或者年度涉农业务收入不低于 2 亿元；b）拟投资农村产业融合发展项目总投资不低于 1 亿元。②对于战略性新兴产业专项债券、城市地下综合管廊建设专项债券、养老产业专项债券、城市停车场建设专项债券，发行人主体评级 AA 的，地方投融资主体类企业资产负债率＞70%、一般生产类企业资产负债率＞75%，需提供有效的增效措施；发行人主体评级 AA＋的，地方投融资主体类企业资产负债率＞70%、一般生产类企业资产负债率＞80%，需提供有效的增信措施；发行人主体评级 AAA 的，地方投融资主体类企业资产负债率＞75%、一般生产类企业资产负债率＞85%，需提供有效增信措施。对于双创孵化专项债券、配电网建设改造专项债券、农村产业融合发展专项债券、社会领域产业专项债券，发行人主体评级 AA 的，地方投融资主体类企业资产负债率＞65%、一般生产类企业资产负债率＞70%，需提供有效的增信措施；发行人主体评级 AA＋的，地方投融资主体类企业资产负债率＞70%、一般生产类企业资产负债率＞80%，需提供有效的增信措施；发行人主体评级 AAA 的，地方投融资主体类企业资产负债率＞75%、一般生产类企业资产负债率＞85%，需提供有效的增信措施。申请发行绿色债券时，发行人主体评级 AA 的，地方投融资主体类企业资产负债率＞70%、一般生产类企业资产负债率＞75%，需提供有效的增信措施；发行人主体评级 AAA 的，地方投融资主体类企业资产负债率＞75%、一般生产类企业资产负债率＞85%，需提供有效的增信措施。③企业申报双创孵化、配电网建设改造专项债券，尚未偿付的高利融资余额占总负债比例不进行限制，但发行人需承诺采取有效的风险隔离措施，绿色债券在计算高利融资时不计算本期债券募集资金置换的高利融资部分。④募集资金中用于补充营运资金的比例不超过 40%（养老产业、战略新兴产业、双创孵化、配电网建设、PPP 专项债、绿色债券上限为 50%）。⑤在债券存续期内募投项目净收入需能够覆盖项目拟使用募集资金本息和,并在项目运营期内项目净收入能够覆盖项目总投资。⑥绿色债券募集资金占项目总投资比例放宽至80%。

4. 项目收益债券

项目收益债券是由项目实施主体或其实际控制人发行的,募集资金用于特定项目投资与建设,债券本息偿还完全或主要来源于项目建成后运营收益的企业债券品种,由于其更注重项目本身质量,对发行人资质有所放松,因此目前已成为企业债券市场中较为火爆的品种之一。项目收益债券发行条件的主要特点有:①不受普通平台债发行人资产负债率、应收账款等的限制。②项目投资内部收益率原则上应大于8%,对于政府购买服务项目,或债券存续期内财政补贴占全部收入比例超过30%的项目,或运营期超过20年的项目,内部收益率原则上不低于6%。③项目收益债券的存续期不得超过募投项目的运营周期。④募投项目原则上应该为已开工项目,未开工项目应符合开工条件,并于债券发行后3个月内开工建设,且项目建设资金来源应全部落实。

5. 其他创新品种

企业债券其他创新品种还包括可续期债券、债贷组合、基金债、优质主体企业债等。其中,发行人发行可续期债券在计算发债余额时,按计入权益的可续期债券金额纳入净资产后计算40%的发债额度,同时将该可续期债券计入累计已发债额度,同时,对于有利息递延条款安排的可续期债券,适当放宽对项目收益覆盖总投资情况和近3年平均利润覆盖债券1年期利息的要求。企业债券采用债贷组合的增信方式,发行人须与商业银行(综合融资协调人)签订《债贷组合融资服务协议》,并由商业银行为企业提供融资规划,进行债券和贷款的统筹管理。2018年8月北京首都旅游集团有限责任公司成功发行全国首只"优质主体企业债";2018年9月,浙江省省属国有企业(浙江省国有资本运营有限公司)获国家发展改革委审批通过的首只基金债,为丰富企业融资渠道,优化融资结构奠定了基础。

三、企业债券各品种优势比较分析

企业债券涉及品种众多,各类债券品种适用范围、发行条件均各不相同。发行人在做出申请发行企业债券的决定之前,首先应该了解各品种企业债券的比较优势,如表1-1所示。

表1-1 各类企业债券品种优势

债券品种	主要优势
普通平台债	最主流的企业债券品种,发改委审核趋向规范、透明
小微债	有利于当地小微企业发展,审核速度较快,发行条件有所放宽,如不受资产负债率的限制等
专项债	在发行条件上,有很多放宽,与项目收益债券相比,在偿债资金来源上,不要求偿债资金必须来自项目收益,在募集资金使用上,不需要专门的募集资金使用专户,在信息披露和交易结构上,较项目收益债较为简单
项目收益债	对发行主体无营业年限、盈利等方面的要求,不要求成立3年以上且连续盈利
可续期债券	可以获得长期投资资本,如可续期债券计入权益,还可以补充资本金,减少负债和企业杠杆率
基金债	发行人可在发行期内根据政府出资产业投资基金运作情况和市场情况自主择机发行,债券募集资金原则上应与基金出资人实缴投资额同比例出资到位,在实缴投资额超过基金总规模的70%后,可放宽上述要求
优质主体企业债	是从事前审批向事中事后监管的一个重要转变,是顺应企业融资需求的一项重要改革。通过明确债券资金使用领域(即正面清单)以及严禁资金投向(即负面清单,如房地产、过剩产能、股票期货投资、金融板块业务投资等)。在给予资金使用灵活度的同时,有效引导资金流向,确保债券资金的募集投向符合国家产业政策的实体经济

发行人选择企业债券品种主要可从以下几方面考虑：一是募投项目，如果募投项目是专项债券所指的六大类项目类型，那么发行人就可以选择发行专项债券。二是资金期限，如果发行人所需资金期限较长，但募投项目不是专项债券所指的六大类项目类型，那么发行人可以选择发行可续期债券或者项目收益债券。三是当地企业，如果发行人所处区域小微企业众多，对资金需求量较大，那么发行人可以选择发行小微企业增信集合债券。

第三节　企业债券和其他融资方式比较研究

一、企业债券融资优势

企业债券作为地方政府融资的重要手段，之所以能够在众多的融资方式中脱颖而出，并得到迅速发展，成为地方城市建设的重要资金来源，其自身有着其他融资方式不可比拟的优点：

（1）具有制定和安排发行计划的主动性和灵活性。申请债券发行公司依据宏观政策取向、区域经济发展状况和中长期远景规划，制订债券发行计划，上报国家核准。而获批后，发行人便可以灵活安排本公司的融资计划。

（2）地方政府可以对发债企业的生产经营战略予以指导并给予政策性优惠。发债企业多数是地方政府或者是部门建立起来的，主要承担着区域基础设施建设和投融资环境改善的任务，地方政府可以给予这些城投公司政策上优惠或者财政补贴，保证其良好的运行，进而使其达到特定目的。

（3）与向金融机构借款或上市融资不同，除了地方政府的项目审计外，通过企业债进行的筹资活动很少受到外部约束。例如，商业银行在公司化改造以后，为了降低较高的不良贷款率均加强了资产流动性管理，非常重视贷款的事后跟踪检查和风险的防范。又如上市融资严格必须履行强制性的信息披露制度，并受到证监会和交易所的监管。

（4）更加严格的监管降低了兑付风险。不同于公司债券受中国证监会和交易所的监管，中期票据、短期融资券受银行间交易商协会监管，企业债券受发改委监管。发改委是综合研究拟订经济和社会发展政策，进行总量平衡，指导总体经济体制改革的宏观调控部门，具有项目审批、投资安排、能源规划等若干决定地方经济命脉的重大职权。企业债券存续期间，各级发展改革部门对债券进行各种形式的督察、监管，一旦发现潜在风险，即会形成自上而下的系统化解决方案，有助于债券的顺利兑付。

（5）与公司债券相比，主体评级为 AA 的企业债券具有一定的成本优势。对于主体评级为 AA 的企业债券与公司债券，2015 年 1 月 1 日至 2017 年 9 月 30 日月平均发行利率如图 1-1 所示，主体评级为 AA 的企业债券发行利率在 2015 年第四季度以后显著低于主体评级为 AA 的公司债券发行利率。特别需要指出的是，由于企业债券一般发行期限为 7 年期，而公司债券主要为 5 年期或 3 年期，因此主体评级为 AA 的企业债券对公司债券而言，利率优势相较图 1-1 反映出的利率优势更加显著。

（6）期限优势。2008 年以前发行的企业债券，主要以 7~10 年期的品种为主，期限为 5~7 年期的品种在企业债发行中所占的份额较大。企业债券发行期限相比公司债券和中期票据的 3~5 年来讲，具有明显的期限优势，地方国有企业可以根据项目建设周期长的特点，灵活调配使用资金。

由上述分析可见，企业债券是在中国当前特定的经济环境下，地方政府为规避法律限制而进行融资创新的产物，是中国现阶段特有的金融创新。它是在地方政府财权与事权不对等、对基础设施投资有强烈偏好、中央政府对地方政府债券进行严格控制和企业债券具有独特优势等方面相互作用的结果，是中国

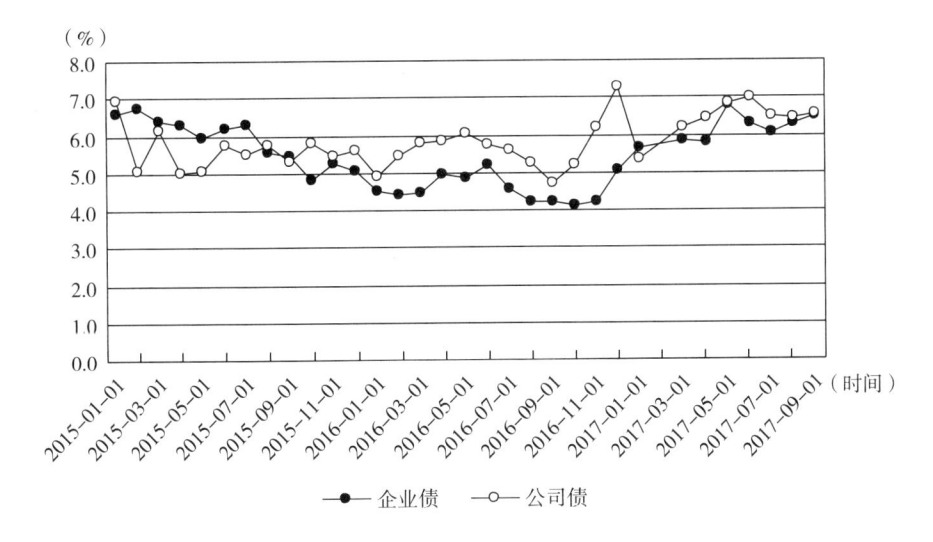

图 1-1 主体评级为 AA 的企业债券与公司债券月平均发行利率统计

当前特定经济环境下特有的金融产品。

二、企业债券与其他债券比较分析

我国信用债市场的直接融资方式主要有企业债券、公司债券、非金融企业债务融资工具等，各种融资方式异同点如表 1-2 所示。

表 1-2 我国信用债市场的直接融资方式比较

项 目	公司债券			企业债券	非金融企业债务融资工具	
	大公募	小公募	非公开		公开	PPN
审核制度	证监会审核	证监会核准，交易所初审	交易所审核	由交易商协会或中央国债登记公司（中债登）预审，发改委审核	交易商协会注册制	
审核时间	约 3 个月	约 2 个月	约 1 个月	1~2 个月	3~5 个月	2~3 个月
适用企业	有实际经营性现金流的公司制企业			以政府融资平台为主	具有法人资格的非金融企业	

续表

项目	公司债券			企业债券	非金融企业债务融资工具	
	大公募	小公募	非公开		公开	PPN
期限	1年以上，多为3~5年	不限		多为5~7年或更长	中票3~5年	不限
净利润	最近三个会计年度平均可分配利润覆盖利息的1.5倍	最近三个会计年度平均可分配利润覆盖一年利息	不限	最近三个会计年度平均可分配利润覆盖一年利息	无明确限制，但亏损企业较难发行	不限
净资产	不超过净资产40%	不限		公开发行不超过有效净资产的40%	不超过净资产40%	不限
资产负债率	无要求			城投和非城投企业的负债率分别要求不能在65%和70%以上。主体级别达到AA+以上，进一步放宽	无要求	
评级	AAA	要求评级，但不限级别	不限制	一般债项AA+，否则要求采取担保措施	一般债项AA	一般债项AA以上
资金投向	多种用途，资金投向宽松	不限，按约定使用		资金投向多为固定资产投资项目和补充营运资金相结合	多用于补充流动资金	不限
发行安排	一次申请两年有效，第一期在一年内发行	一次申请一年有效	一次申请一年有效，可分期发行		一次申请两年有效，第一期在一年内发行	

第四节　我国企业债券发展现状

由于企业债券融资成本一般比商业银行贷款低，条款灵活，分担了金融体系间接融资比重过高的风险，支持了实体经济发展的资金需求。因此，国家不断调整企业债券发行条件和加大支持力度，近些年我国企业债券发行节奏明显加快，发行品种明显多元化。

一、发债规模总体上升，波动幅度较大

截至2017年底，我国累计发行企业债券约22万亿元。其中，2017年，我国共发行企业债券385期，发行规模为3753.95亿元，同比下降36.7%，占债券市场各类融资总量的比重从2016年的5.5%下降到2.2%。受市场波动和监管政策影响，2017年企业债取消或推迟发行规模506亿元，占发行总规模的13.5%。2017年发债规模比2006年提升了6.1倍，但仅为2016年的63.4%，增速的波幅高达212.4%（见图1-2和表1-3）。

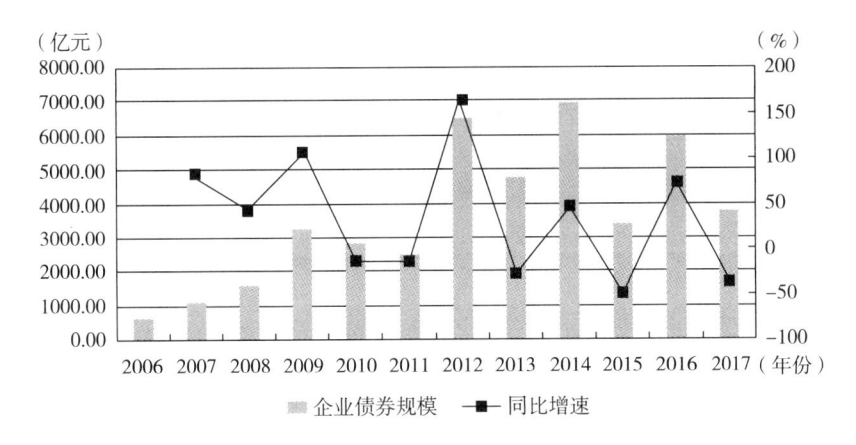

图1-2 2006~2017年我国企业债券发行规模及其增速

资料来源：鹏元资信评估有限公司研究发展部。

表1-3 2015~2017年我国企业债券发行情况

年份	债券品种	企业债券
2017	期数（期）	385
	规模（亿元）	3753.95
	增速（%）	-36.70
	占债券市场各类融资总额的比例（%）	2.20

续表

部分	债券品种	企业债券
2016	期数（期）	498
	规模（亿元）	5925.70
	增速（%）	73.20
	占债券市场各类融资总额的比例（%）	5.50
2015	期数（期）	302
	规模（亿元）	3421.02
	增速（%）	-50.90
	占债券市场各类融资总额的比例（%）	3.70

资料来源：鹏元资信评估有限公司研究发展部。

二、城投债依然是主力，创新品种发行量有所下降

2017年，共发行城投债316期，发行规模3101.95亿元，发行期数和发行规模分别占企业债券总量的82.1%和82.6%，与2016年的90.2%和89.2%相比，城投债占比下降。从创新债券品种来看，企业债券市场创新债券品种有项目收益债、专项债、永续债、绿色债券、小微企业债5种，发行量较2016年有所下降，尤其是发改委专项债、可续期债券和小微企业债，如表1-4和表1-5所示。

表1-4　2016~2017年我国企业债券市场结构

年份	发债类型	城投债	产业债
2017	期数（期）	316	69
	规模（亿元）	3101.95	652.00
2016	期数（期）	449	49
	规模（亿元）	5285.00	640.70

表 1-5 2015~2017 年我国企业债券市场创新债券品种发行情况

发债类型	2017年期数（期）	2016年期数（期）	2015年期数（期）	2017年规模（亿元）	2016年规模（亿元）	2015年规模（亿元）
绿色债	21	6	—	311.60	150.90	—
项目收益债	33	25	6	200.70	225.40	58.00
小微企业债	2	32	26	24.90	240.20	156.90
永续债	5	16	5	70.00	278.00	108.00
债贷组合	—	1	2	—	25.00	31.00
专项债	73	95	8	659.80	1239.50	82.50
合计	134	175	47	1267.00	2159.00	436.40

三、"一江两湖"继续领跑企业债市场，四川和陕西增长较快

2017 年，共有 20 个省（直辖市、自治区）发行了企业债券。其中，位列前三名的江苏、湖北和湖南分别发行 625.70 亿元、475.80 亿元和 398.70 亿元，合计占比 39.6%。与 2016 年同期相比，湖北、陕西、四川和新疆发行规模分别增长 16.59%、3.69%、3.47% 和 20.38%，其余城市均下降，其中海南、天津和河北 2017 年未发行企业债，辽宁、吉林和广西分别下降 86.56%、82.09% 和 81.95%，降幅较大。从排名看，四川、陕西和云南排名分别提升 4 个、5 个和 6 个到达第 6 位、第 10 位和第 16 位（见表 1-6）。

表 1-6 2015~2017 年我国企业债券发行规模区域分布

地区	2017年规模（亿元）	2016年规模（亿元）	2015年规模（亿元）	2017年期数（期）	2016年期数（期）	2015年期数（期）
江苏	625.70	863.90	384.50	61	71	34
湖北	475.80	408.10	141.50	47	41	12
湖南	398.70	691.40	353.72	44	58	27

续表

地区	2017年规模（亿元）	2016年规模（亿元）	2015年规模（亿元）	2017年期数（期）	2016年期数（期）	2015年期数（期）
安徽	319.00	366.00	109.00	33	30	12
贵州	285.90	392.90	172.00	31	30	13
四川	283.20	273.70	161.50	39	28	19
浙江	231.00	351.30	152.00	23	31	17
山东	171.00	363.30	193.00	17	35	24
重庆	166.25	278.50	115.00	18	20	11
陕西	112.50	108.50	54.00	9	10	7
江西	112.10	259.60	162.00	11	24	13
广东	102.00	350.00	113.00	7	25	10
北京	99.80	251.90	431.00	5	10	12
河南	81.70	105.70	78.00	9	8	8
新疆	62.60	52.00	77.90	5	6	10
云南	37.00	46.60	43.00	4	5	4
福建	35.00	145.00	82.00	3	13	10
内蒙古	30.00	47.00	50.50	2	4	7
黑龙江	29.00	33.00	32.90	3	4	4
辽宁	25.00	186.00	108.50	4	16	14
青海	18.80	—	—	2	—	—
广西	18.00	99.70	25.00	3	10	3
西藏	10.00	—	—	1	—	—
上海	9.50	20.00	42.90	1	1	3
山西	8.40	10.00	48.00	1	1	5
吉林	6.00	33.50	—	2	3	—
河北	—	67.50	66.50	—	6	7
天津	—	62.00	132.00	—	4	7
海南	—	38.00	53.00	—	2	3

四、基础建设行业依然是主要行业，煤炭、有色行业无发行

2017年，企业债发行依然集中在基础建设、房屋建设和综合类，分别发

行2104.00亿元、542.35亿元和388.70亿元，合计占比80.85%，其中基础建设行业占比56.05%。与2016年同期相比，房屋建设行业同比增长121.01%，其余行业的发行规模均下降，其中综合类行业同比下降51.1%。从占比看，基础建设占比增长6.11个百分点，而煤炭开采、有色金属行业2017年未发行。

五、发行主体等级小幅下降，债项等级重心大幅上升

2017年，发行人主体等级以AA级及AA-级为主，占比分别为60.5%和22.6%，AA+级和AAA级占比合计11.1%，较2016年同期下降3.8个百分点。从债项看，2017年AA+级和AAA级占比分别为28.0%和28.8%，较上年同期分别下降1.1个百分点和上升8.9个百分点，债项重心大幅上移，表明采用增信措施的债券数量上升。具体来看，2017年采取增信的债券占比53.1%，较2016年同期增长9.6个百分点，其中第三方担保是主要增信方式，在2017年占比为48.7%。

第五节 企业债券政策体系介绍

企业债券政策体系主要包括两大范畴：一是法律和行政法规，二是国家发改委作为行业监管部门颁布的规范性文件。分别介绍如下：

一、企业债券发行的法律法规、政策性文件

企业债券管理所依据的法律法规包括《中华人民共和国公司法》《中华人民共和国证券法》以及《企业债券管理条例》。《中华人民共和国公司法》主要对企业债券发行主体的公司治理等基本方面进行规范要求。《中华人民共和国证券法》及《企业债券管理条例》则涉及企业债券管理的具体事项，两者各有侧重。

目前《企业债券管理条例》执行的是 2011 年修订版（见表 1-7），而《中华人民共和国证券法》分别在 2004 年、2013 年经过两次修改。

表 1-7　企业债券基础法律法规

相关法规	部门	发行主体	募集资金用途	发行要素
《企业债券管理条例》[2011年（修订）]	国务院	1. 企业规模达到国家规定的要求； 2. 企业财务会计制度符合国家规定； 3. 具有偿债能力； 4. 企业经营效益良好，发行企业债券前连续 3 年盈利	企业发行企业债券所筹集的资金应当按照审批机关批准的用途，用于本企业的生产经营。不得用于房地产买卖、股票买卖和期货交易等与本企业生产经营无关的风险性投资	企业债券的利率不得高于银行相同期限居民储蓄定期存款利率的 40%，企业发行企业债券的总面额不得大于该企业的自有资产净值
《中华人民共和国证券法》（2014年）	全国人大	1. 股份有限公司的净资产不低于人民币 3000 万元，有限责任公司的净资产不低于人民币 6000 万元； 2. 累计债券余额不超过公司净资产的 40%； 3. 最近 3 年平均可分配利润足以支付公司债券一年的利息	筹集资金投向符合国家产业政策，公开发行公司债券募集的资金，必须用于核准的用途，不得用于弥补亏损和非生产性支出	债券的利率不超过国务院限定的利率水平

二、国家发改委出台的规范性文件梳理

作为企业债的监督管理部门，国家发展和改革委员会以《中华人民共和国公司法》《中华人民共和国证券法》以及《企业债券管理条例》为总纲领，结合经济运行的实际情况以及产业政策，适时出台规范性文件以指导企业债市场的发行与管理。

2008年起,企业债的发行经历了从快速发展到2014年国发43号文《国务院关于加强地方政府性债务管理的意见》之后的政策收紧再到发改办财金〔2015〕3127号文《国家发展改革委办公厅关于简化企业债券审报程序加强风险防范和改革监管方式的意见》之后的规范化审核等多个阶段。国家发展和改革委员会对于企业债监管政策的变化,体现了经济运行周期中企业债券市场既要服务"促进国民经济和加快重点项目建设"目标的同时,也要注意风险防范的特点,详细内容如表1-8所示。

表1-8 发改委关于企业债券规范性文件汇总

文号	文件名称
发改财金〔2004〕1134号	《国家发展改革委关于进一步改进和加强企业债券管理工作的通知》
发改财金〔2008〕7号	《国家发展改革委关于推进企业债券市场发展、简化发行核准程序有关事项的通知》
发改办财金〔2010〕2881号	《国家发展改革委办公厅关于进一步规范地方政府投融资平台公司发行债券行为有关问题的通知》
发改办财金〔2011〕1388号	《国家发展改革委办公厅关于利用债券融资支持保障性住房建设有关问题的通知》
发改办财金〔2011〕1765号	《国家发展改革委办公厅关于进一步加强企业债券存续期监管工作有关问题的通知》
发改办财金〔2012〕2804号	《国家发展改革委办公厅关于加强企业发债过程中信用建设的通知》
发改办财金〔2012〕3451号	《国家发展改革委办公厅关于进一步强化企业债券风险防范管理有关问题的通知》
发改办财金〔2013〕957号	《国家发展改革委办公厅关于进一步改进企业债券发行审核工作的通知》
发改财金〔2013〕1410号	《国家发展改革委关于加强小微企业融资服务支持小微企业发展的指导意见》
发改办财金〔2013〕2050号	《国家发展改革委办公厅关于企业债券融资支持棚户区改造有关问题的通知》

续表

文号	文件名称
发改办财金〔2014〕1047号	《国家发展改革委办公厅关于创新企业债券融资方式扎实推进棚户区改造建设有关问题的通知》
国家发展和改革委员会财政金融司	《关于全面加强企业债券风险防范的若干意见》
发改办财金〔2015〕1327号	《国家发展改革委办公厅关于充分发挥企业债券融资功能支持重点项目建设促进经济平稳较快发展的通知》
发改办财金〔2015〕2010号	《国家发展改革委办公厅关于印发〈项目收益债券管理暂行办法〉的通知》
发改办财金〔2015〕3127号	《国家发展改革委办公厅关于简化企业债券审报程序加强风险防范和改革监管方式的意见》
发改办财金〔2015〕755号	《国家发展改革委办公厅关于印发〈城市地下综合管廊建设专项债券发行指引〉的通知》
发改办财金〔2015〕756号	《国家发展改革委办公厅关于印发〈战略性新兴产业专项债券发行指引〉的通知》
发改办财金〔2015〕817号	《国家发展改革委办公厅关于印发〈养老产业专项债券发行指引〉的通知》
发改办财金〔2015〕818号	《国家发展改革委办公厅关于印发〈城市停车场建设专项债券发行指引〉的通知》
发改办财金〔2015〕2894号	《国家发展改革委办公厅关于印发〈双创孵化专项债券发行指引〉的通知》
发改办财金〔2015〕2909号	《国家发展改革委办公厅关于印发〈配电网建设改造专项债券发行指引〉的通知》
发改办财金〔2015〕3504号	《国家发展改革委办公厅关于印发〈绿色债券发行指引〉的通知》
发改办财金〔2016〕2735号	《国家发展改革委办公厅关于印发〈市场化银行债权转股权专项债券发行指引〉的通知》
发改办财金规〔2017〕1340号	《国家发展改革委办公厅关于印发〈农村产业融合发展专项债券发行指引〉的通知》
发改办财金规〔2017〕1341号	《国家发展改革委办公厅关于印发〈社会领域产业专项债券发行指引〉的通知》
发改财金〔2018〕1806号	《国家发展改革委关于支持优质企业直接融资进一步增强企业债券服务实体经济能力的通知》

(一) 2008年1月2日以前

2008年1月2日之前，我国企业债券市场尚处于发展初期，国家发展和改革委员会作为企业债券的主要监管部门，政策的变化呈现"先紧后松、先指导后市场化"的趋势，体现在审核流程趋于简化、发债主体要求放松、发行利率市场化以及资金用途的逐渐放开等方面（见表1-9）。

表1-9 2008年1月2日之前的监管要求

时间	文件	审核流程	发行主体要求	资金用途
2004年6月21日	《国家发展改革委关于进一步改进和加强企业债券管理工作的通知》	1. 发改委先核定企业债券发行规模；2. 批准企业发行债券的方式	1. 净资产规模达到规定的要求；2. 经济效益良好，近3个会计年度连续盈利；3. 近3年没有违法和重大违规行为；4. 前一次发行的企业债券已足额募集；已经发行的企业债券没有延迟支付本息的情形等条件	所筹集资金用途符合国家产业政策和行业发展规划；企业发行债券余额不得超过其净资产40%；用于固定资产投资项目的，累计发行额不得超过该项目总投资的20%
2007年3月19日	《国家发展改革委关于下达2007年第一批企业债券发行规模及发行核准有关问题的通知》	发改委关于企业债券的批复文件下送省级发展改革委的同时，抄送地方企业、主承销商和债券登记管理机构，省级发展改革部门可不再转发		债券募集资金不得增加或变更项目，可调减项目，但应保持发债规模占项目总投资的比例不超过30%
2008年1月2日	《国家发展改革委关于推进企业债券市场发展、简化发行核准程序有关事项的通知》	基于2004年的规定将先核定规模、后核准发行两个环节简化为直接核准发行一个环节	在2004年的规定基础上，取消"近3个会计年度连续盈利"的要求，改为"最近3年平均可分配利润足以支付企业债意见之利息"（以证券法为参照）	债券发行额占项目投资的比例上限提高至60%，资金用途增加，调整债务结构，不受60%的比例限制，但需提供银行统一以债还贷的证明；用于补充营运资金的不得超过发债总额的20%

（二）2008~2014年国发43号文颁布前

2008年国际金融危机爆发，为应对冲击，配合积极财政政策与货币政策实施，与基础设施、民生工程以及生态环境建设相关的企业债、公司债、中票以及短融等债券融资工具被积极推动，尤其是以基建为募投项目的城投债，由于产业政策的支持，市场规模快速增长，成为企业债市场的主要发行主体。

2010年以后，出于对融资平台公司可能造成的地方政府债务风险的考虑，以国务院〔2010〕19号文《国务院关于加强地方政府融资平台公司管理有关问题的通知》为依据，发改委对投融资平台公司的发债监管不断趋严，要求企业偿债资金来自自身收益并且达到规定比例、地方债务过高的地区限制企业发债、关注发债企业的资产负债率，另外对于企业发债的担保、政府对企业的资产注入要不断地规范化管理，如表1-10所示。

表1-10 为防范债务风险多方面收紧企业发债条件

文件	企业资质审核	规范担保行为	规范资产注入行为
《国家发展改革委办公厅关于进一步规范地方政府投融资平台公司发行债券行为有关问题的通知》（发改办财金〔2010〕2881号文）	1. 要求发债的投融资平台公司，其偿债资金来源的70%以上必须来自公司自身收益； 2. 投融资平台公司经营收入主要来自承担政府公益性或准公益性项目建设，所在地政府负债水平超过100%，其发行企业债券将不予受理	各级政府及其所属部门、机构和事业单位不得以财政资金、国有资产或企业直接、间接方式为企业发债提供担保和增信	禁止以学校、公立医院、公园等公益性资产作为资本注入投融资平台公司
《国家发展改革委办公厅关于进一步强化企业债券风险防范管理有关问题的通知》（发改办财金〔2012〕3451号文）	以资产负债率为参考： 1. 介于65%~80%的发债企业，审核过程中实行"重点关注"； 2. 在80%~90%的企业申请发债，原则必须提供担保措施； 3. 超过90%，债务负担沉重不予核准发债，以上要求对于特定行业可适当放宽	1. 禁止发债企业互相担保或连环担保； 2. 政府投融资平台公司为其他企业发行债券提供担保的，按担保额的三分之一计入该平台公司已发债余额，一般企业计入比例为一半	强调注入资产必须是经营性资产，土地资产除需要经过评估外，必须取得土地使用权证

经过银监会、发改委多个部门对投融资平台公司及其债务的联合清理规范，融资平台公司的债务增长得到控制放缓、债务风险得到控制，发改委对企业发债的审核由之前仅参考财务数据单一管理向细分化转变，结合经济结构调整实施"保控结合"。2013年《关于进一步改进企业债券发行审核工作的通知》将企业发行审批分为"加快和简化审核""从严审核"和"适当控制规模和节奏"三类，评判标准由以往单一的资产负债率增加了产业领域、信用评级作为参考（见表1-11）。

表1-11 企业债券发行审批分类

	加快和简化审核类	从严审核类
产业领域	1. 国家重点在建续建项目； 2. 节能减排和环境综合整治、生态保护项目； 3. 公租房、廉租房、棚户区改造、经济适用房等保障性安居工程； 4. 小微企业增信集合债券和中小企业集合债券	用于产能过剩、高污染、高耗能等国家产业政策限制领域的发债申请
信用等级	1. 主体或债券信用等级为AAA级的债券； 2. 有效资产进行抵、质押担保且债项级别在AA+及以上	资产负债率较高（城投类企业65%以上，一般企业75%以上）且债项评级在AA+以下的债券
资产负债率	1. 资产负债率低于30%，信用安排较为完善且主体评级在AA+以上的无担保债券； 2. 地方政府所属区域城投公司申请发行的首只企业债券，且发行人的资产负债率低于50%	连续发债两次以上且资产负债率高于65%的城投类企业

（三）2014年国发43号文颁布至今

2014年国发43号文《国务院关于加强地方性债务管理的意见》颁布至今，国家发改委陆续颁布了《关于全面加强企业债券风险防范的若干意见》《企业债券审核新增注意事项》《关于简化企业债券申报程序加强风险防范和改革监管方式的意见》等文件，从规则上进一步规范了企业债券申报、审核及发行。

1. 《关于全面加强企业债券风险防范的若干意见》

《关于全面加强企业债券风险防范的若干意见》从资产质量、偿债资金来源和地方政府性债务风险等多个方面新增了城投企业的发债准入审核条件，提高发行主体的资产负债率标准，将企业债发行申报时间间隔由 6 个月延长至 1 年。《意见》还将城投企业发债条件与地方政府负债情况及当地 GDP 比例相联系，规定"区域全口径债务率超过 100%的，暂不受理区域内城投企业有可能新增政府性债务负担的发债申请。""地方政府所属城投企业已发行待偿付的企业债券、中期票据余额与地方政府当年 GDP 的比值超过 8%的，其所属城投企业发债应严格控制。"

2. 《企业债券审核新增注意事项》

为《关于全面加强企业债券风险防范的若干意见》制定细则，提出了九大类审核内容、23 项重点审核事项，并要求申请发行企业债的企业按要求补充相关资料和数据，不再要求地方政府出具债券偿债保障措施文件。其中，九大类审核内容包括：城投类企业所在地政府性债务监管情况、发行人资产有效性、发行人应收款项情况、担保措施情况、连续发债监管情况、发行人高利融资情况、发行人私募融资情况、信用评级机构编制征信报告、违规行为惩戒措施。

3. 《关于进一步改进和规范企业债券发行工作的几点意见》

该文继续延续了 43 号文以来对于城投企业发债的严格管理：企业发行企业债券应实现企业信用和政府性债务、政府信用的隔离，不能新增政府债务。

企业应该主要依托自身信用，完善偿债保障措施。企业与政府签订的建设—移交（BT）协议收入和政府指定红线图内土地的未来出让收入返还暂不能作为发债偿债保障措施。鼓励企业通过以自身拥有的土地抵押和第三方担保抵押等多种形式作为增信措施，进一步增强偿债保障。鼓励各地结合 PPP 和创新预算内投资方式，积极研究扩大项目收益债、可续期债券等创新品种规模。

4. 六类专项债券发行指引

2015 年 4 月 9 日，国家发改委办公厅印发《城市地下综合管廊建设专项债券发行指引》《战略性新兴产业专项债券发行指引》《养老产业专项债券发行指引》《城市停车场建设专项债券发行指引》四类专项债券发行指引。2015 年 11 月 9 日，国家发改委办公厅再次印发两类专项债券指引：《双创孵化专项债券发行指引》和《配电网建设改造专项债券发行指引》。明确对于这六类专项债券，可以比照"加快和简化审核类"债券审核程序，提高审核效率；可适当放宽企业债券现行审核政策及《关于全面加强企业债券风险防范的若干意见》中规定的部分准入条件；放宽募集资金用途，优化各类债券品种方案设计；鼓励"债贷组合"增信；积极鼓励债券品种创新。其中，《城市地下综合管廊建设专项债券发行指引》《养老产业专项债券发行指引》《城市停车场建设专项债券发行指引》和《双创孵化专项债券发行指引》均有专门针对城投公司发债的规定：前三个指引均明确发行对应专项债券的城投类企业不受发债指标限制，放宽城投类企业需提供担保措施的资产负债率要求，城投类企业不受"地方政府所属城投企业已发行未偿付的企业债券、中期票据余额与地方政府当年 GDP 的比值超过 8% 的，其所属城投企业发债应严格控制"的限制，不受"单次发债规模，原则上不超过所属地方政府上年本级公共财政预算收入"的限制。《双创孵化专项债券发行指引》明确城投类企业不受"地方政府所属城投企业已发行未偿付的企业债券、中期票据余额与地方政府当年

GDP 的比值超过 12%的，其所属城投企业发债应严格控制"的限制。

5.《国家发展改革委办公厅关于充分发挥企业债券融资功能支持重点项目建设促进经济平稳较快发展的通知》

该文明确了以下内容：①符合特定条件和投向不受发债企业数量指标的限制：满足一定债项评级的，募集资金投向七大类重大投资工程包、六大领域消费工程项目融资不受发债企业数量指标的限制。发行战略性新兴产业、养老产业、城市地下综合管廊建设、城市停车场建设、创新创业示范基地建设、电网改造等重点领域专项债券，不受发债企业数量指标的限制。专项债券发行不受债项评级要求限制。县域企业发行用于重点领域、重点项目建设的优质企业债和专项债券，不受发债企业数量指标的限制。②放宽发行主体资产负债率要求。③修改净利润要求计算口径，提高募投资金占项目总投资比例。④提高债券余额占 GDP 的预警线，符合条件的企业债券与地方债务率和预算收入脱钩。⑤简化企业募集资金投向变更程序。⑥鼓励企业发债用于特许经营等 PPP 项目建设。

6 月 19 日，国家发改委下发《对发改办财金〔2015〕1327 号文件的补充说明》，对于主体信用等级不低于 AA 并满足一定条件的发债企业放松了发债企业数量指标和资金投向的限制。《补充说明》还允许满足一定条件的企业发行债券，专项用于偿还为在建设项目举借且已进入偿付本金阶段的原企业债券及其他高成本融资。

6.《项目收益债券管理暂行办法》

发行主体范围放宽，对于非公开发行主体，取消存续期、盈利、净资产方面的要求；发行方式可公开或非公开发行，非公开发行项目收益债不强制要求主体评级；明确偿债资金主要来源于项目收益，且财政补贴占项目收入的比例不得超过50%。为控制风险，规定项目收益债券募集资金只能专款专用，不得置换其他债务；并设定了项目财务效益评价的收益率指标；建立差额补偿和增加外部担保，辅之以加速到期条款，降低债券投资风险；要求落实项目资金来源，建立风险约束机制。

7.《关于简化企业债券申报程序加强风险防范和改革监管方式的意见》

该文明确了以下内容：①简化企业债券申报程序，精简申报材料，提高审核效率。规定债券从省级发改部门转报至国家发改委核准时间，应在30个工作日内完成（情况复杂的不超过60个工作日）。②鼓励信用优良企业发债融资。满足"主体或债券信用等级为AAA级的债券""由资信状况良好的担保公司（指担保公司主体评级不低于AA＋及以上）提供无条件不可撤销保证担保的债券"和"使用有效资产进行抵押、质押，且债项级别在AA＋以上债券"三个条件之一的企业发债可豁免复审环节；债项级别为AA及以上的发债主体（含县域企业），不受发债企业数量指标的限制；创建社会信用体系建设示范城市所属企业发债及创新品种债券可直接向国家发改委申报。③增强债券资金使用灵活度，提高使用效率。支持企业利用不超过发债规模40%的债券资金补充营运资金，发债企业可选择以一次核准、分期发行的方式发行债券，鼓励商业银行承销以"债贷组合"方式发行的企业债券；支持债券资金用于项目前期建设；允许闲置的部分债券资金用于保本投资、补充营运资金或符合国家产业政策的其他用途；允许债券资金按程序变更用途。④从企业债券偿债风险分解（包括债券担保、再担保和债券保险）、强化信息披露和中介机构责任、加强事中事后监管和信用体系建设方面，对加强企业债券风险防范和监管方式予以了明确规定。

8. 《绿色债券发行指引》

明确用于支持节能减排技术改造、绿色城镇化、能源清洁高效利用等绿色循环低碳发展项目的企业债券，可以比照"加快和简化审核类"债券审核程序，提高审核效率；可适当调整企业债券现行审核政策及《关于全面加强企业债券风险防范的若干意见》中规定的部分准入条件；鼓励流域性、区域性或同类污染治理项目以及节能、节水改造项目实施主体以集合形式发行绿色债券；允许绿色债券面向机构投资者非公开发行；拓宽担保增信渠道、推动"债贷组合"增信方式、积极开展债券品种创新等。

9. 《国家发展改革委办公厅关于印发〈农村产业融合发展专项债券发行指引〉的通知》

农业产业融合发展专项债券，指募集资金用于农村产业融合发展项目的企业债券，重点支持产城融合型、农业内部融合型、产业链延伸型、农业多功能拓展型、新技术渗透型、多业态复合型6类农村产业融合发展项目。鼓励企业资产规模不低于3亿元或者年度涉农业务收入不低于2亿元，且拟投资农村产业融合发展项目总投资不低于1亿元的企业发行农村产业融合发展专项债券；支持合理灵活设置债券期限、选择权及还本付息方式，支持发债企业发行10年期及以上的长期限企业债券或可续期债券；比照"加快和简化审核类"债券审核程序，提高审核效率；在偿债保障措施完善的情况下，允许企业使用不超过50%的债券募集资金用于补充营运资金；鼓励上市公司及其子公司发行农村产业融合发展专项债券。

10.《国家发展改革委办公厅关于印发〈社会领域产业专项债券发行指引〉的通知》

社会领域产业专项债券，是指由市场化运营的公司法人主体发行（公立医疗卫生机构、公立学校等公益性质主体除外），募集资金主要用于社会领域产业经营性项目建设，或者其他经营性领域配套社会领域产业相关设施建设的企业债券。债券包括但不限于以下类型：健康产业、养老产业、教育培训产业、文化产业、体育产业、旅游产业等社会领域产业项目。鼓励企业发行可续期债券，用于剧场等文化消费设施、文化产业园区、体育馆、民营医院、教育培训机构等投资回收期较长的项目建设；鼓励采取"债贷组合"增信方式，由商业银行进行债券和贷款统筹管理，探索保险机构等机构投资者设立特殊目的实体，发行项目收益债券用于社会领域产业项目的建设和经营；比照"加快和简化审核类"债券审核程序，提高审核效率。

11.《国家发展改革委关于支持优质企业直接融资进一步增强企业债券服务实体经济能力的通知》

提出支持主体信用等级达到AAA等信用优良、经营稳健、对产业结构转型升级或区域经济发展具有引领作用的优质企业发行企业债券，符合条件的企业申报发行优质企业债券，实行"一次核准额度、分期自主发行"的发行管理方式，比照"加快和简化审核类"债券审核程序，并适当调整审核政策要求；优质企业债券申报阶段，对债券资金用途实行正负面清单管理；各期债券发行前，发行人应公开披露募集资金拟投资的项目清单和偿债保障措施等。

第二章 新疆企业债券融资现状

第一节 新疆企业债券融资概况

新疆企业债券是我国企业债券市场的重要组成部分。自2008年1月2日《国家发展改革委关于推进企业债券市场发展、简化发行核准程序有关事项的通知》发布至2017年12月31日，我国企业债券共发行3238只，合计发行规模41445亿元。其中，新疆维吾尔自治区（不含新疆生产建设兵团）共发行54只企业债券，占全国总发行只数的1.73%；合计发行规模572.6亿元，占全国总发行规模的1.38%。新疆企业债券发行额占全国总发行额比重显著小于发行只数占全国总发行只数比重，这表明新疆企业债券发行单只平均规模小于全国企业债券发行单只平均规模。

从债券发行类型角度看，新疆企业债券发行绝大多数为城投债。从债券发行地域角度看，新疆各地州市均已发行过企业债券，其中，乌鲁木齐发行最多，共发行16只，占比为28.57%。从债券发行主承销商看，信达证券、平安证券、兴业证券、申万宏源证券、中信建投证券等16家券商曾主承销新疆地区企业债券,其中信达证券占比最高。从债券评级机构角度看,银行间债券市场六大评级机构均已参与新疆地区企业债券评级,其中鹏元资信和中诚信国际两大评级机构参与最深。从债券期限设计来看,4年期、6年期、7年期、10年期等多种期限品种均有所涉及,7年期品种运用最为广泛。本章将从发行主体、融资规模及募投项目、评级等多角度分别详述。

第二节 新疆企业债券发行主体分析

根据发行主体的性质不同,新疆企业债券可分为城投债及产业债。根据债券品种不同,新疆企业债券又可分为普通平台债以及创新品种债券等。本节将从发行主体角度对新疆企业债券展开分析。

一、城投债与产业债

国家发改委审核的企业债券根据发行主体为地方政府投融资平台公司或一般生产经营性企业,可分为城投债与产业债,其中前者在发行量上占绝大多数。

新疆企业债券发行情况与全国情况基本一致,城投债发行占比远超产业债。2008年1月2日至2017年12月31日,新疆维吾尔自治区(不含新疆生产建设兵团)发行的全部56只企业债券中,仅"11广汇集团债""13金特债""14新供销债"为产业债,其余53只均为城投债。

二、新疆企业债券发行主体分布

新疆行政区划相较我国内地省市较为复杂,共辖14个地、州、市,其中包括5个自治州、5个地区和4个地级市。

从2010年的乌鲁木齐城市建设投资（集团）有限公司发行"10乌城投债"至2016年的和田玉鑫国有资产投资经营有限责任公司发行"16玉鑫债"，企业债券在新疆实现了14个地、州、市的全覆盖。

从发行时间先后角度来说，新疆前6只企业债券均为乌鲁木齐企业发行，企业债券从乌鲁木齐开始萌芽，逐步延伸扩展至各地、州、市。

从空间分布角度来说，新疆企业债券发行数量与地、州、市经济实力、政策只持等因素密切相关。2008年1月2日至2017年12月31日，乌鲁木齐市企业共发行16只企业债券，遥遥领先于其他各地、州、市。经济实力相对较强的阿克苏地区、伊犁哈萨克自治州（州直）以及巴音郭楞蒙古自治州分别以7只、6只及5只的发行量位居第二、三、四位。

截至2017年12月31日，新疆14个地、州、市发行企业债券情况如下：乌鲁木齐市共发行16只，伊犁哈萨克自治州（州直）共发行6只，阿克苏地区共发行6只，巴音郭楞蒙古自治州共发行5只，哈密市共发行4只，喀什地区共发行3只，克拉玛依市共发行2只，吐鲁番市共发行2只，昌吉回族自治州共发行2只，阿勒泰地区共发行3只，博尔塔拉蒙古自治州共发行2只，克孜勒苏柯尔克孜自治州共发行1只，塔城地区共发行1只，和田地区共发行1只，自治区直辖县级市共发行12只，详见表2-1。

表2-1 新疆维吾尔自治区各地州市发行企业债券只数汇总

地、州、市名称	发行企业债券只数
乌鲁木齐市	16
克拉玛依市	2
吐鲁番市	2

续表

地、州、市名称	发行企业债券只数
哈密市	5
昌吉回族自治州	2
伊犁哈萨克自治州（州直）	6
塔城地区	1
阿勒泰地区	3
博尔塔拉蒙古自治州	2
巴音郭楞蒙古自治州	5
阿克苏地区	7
克孜勒苏柯尔克孜自治州	1
喀什地区	3
和田地区	1
合计	56

注：数据范围2010~2017年企业债券只数（不包括新疆生产建设兵团债券数）。

第三节　新疆企业债券融资规模及募投项目分析

一、融资规模

2010~2017年，全区（不含新疆生产建设兵团）共发行54只企业债券。从发行规模分布来看，分布十分广泛，从4亿元至25亿元不等，其中10亿元以下（不含10亿元）的企业债券30只，10亿元以上（含10亿元）的企业债券26只。其中,"16哈密国资债"的发行规模最小,"10乌城投债"的发行规模最大。

通过对比分析发现,10亿元以下的发行主体主要为财力偏弱的地州级平台或县级平台,而乌鲁木齐城投、克拉玛依城投、巴州国源等经济实力和地方政府财力较强的地州级平台的企业债券发行规模往往较大。

企业债券发行规模与地方政府财力及地方经济实力呈正相关,追本溯源,源自2013年《企业债券审核工作手册》对地区GDP、财政一般预算收入的关注。2014年,为贯彻国发43号文件精神,国家发改委于2014年9月26日紧急出台《关于全面加强企业债券风险防范的若干意见》(以下简称《意见》),该《意见》指出:"地方政府所属城投企业已发行未偿付的企业债券、中期票据余额与地方政府当年GDP的比值超过8%的,其所属城投企业发债应严格控制;城投企业单次发债规模,原则上不超过所属地方政府上年本级公共财政预算收入。"2014年10月15日国家发改委发布的《企业债券审核新增注意事项》进一步明确,城投类企业所在地方发改委部门已出具当地政府所属城投企业已发行未偿付的企业债券、中期票据情况报告,该项余额与地方政府当年GDP比值超过8%的,暂不受理该地区城投类企业发债申请。

2015年1月证监会系统的《公司债券发行与承销管理办法》发布,新版公司债券发行呈"井喷"态势。为保持企业债券在地方政府融资平台传统融资方式中的主流地位,国家发改委开始在国发〔2014〕43号文框架下有条件地放松相关政策。

2015年5月25日,《国家发展改革委办公厅关于充分发挥企业债券融资功能支持重点项目建设促进经济平稳较快发展的通知》(发改办财金〔2015〕1327号)正式发布,将发行人本区域企业发行企业债券、中期票据等余额一般不超过上年度GDP 8%的预警线提高到12%。对于符合国发〔2014〕43号文件精神,偿债保障措施完善的企业发行债券,不与地方政府债务率和地方财政公共预算收入挂钩。2015年11月30日,《国家发展改革委办公厅关于简化企业债券审报程序加强风险防范和改革监管方式的意见》（发改办财金〔2015〕3127号），进一步明确发行人申报材料中不再要求提供省级发展改革部门预审意见（包括土地勘察报告，当地已发行企业债、中期票据占GDP比例的报告等）。

至此，随着国发〔2014〕43号文件精神的逐步贯彻落实，平台公司与地方政府信用逐步隔离，平台公司与地方经济、地方财力之间的直接关系被切断。

然而，众所周知的是，地方政府融资平台公司所从事的主要业务为地方政府指定或委托的公益性或准公益性项目的融资、投资、建设和运营，平台公司与地方政府在业务往来、财政支持等诸多方面存在着千丝万缕乃至不可分割的关系。短时间内，地方经济与地方政府财力仍将对平台公司发行企业债券以及企业债券发行规模产生十分重大的影响。

二、新疆企业债券募投项目

募投项目是企业债券的重中之重，分析新疆企业债券募集资金投资项目，规律十分明显，募投项目根据债券的发行时间、发行品种等的不同具有以下特点：①5只小微企业增信集合债券的募集资金全部运用于委托贷款、提供给小微企业使用，这也反映了小微债的设立初衷。②2只产业债的募集资金均用于投资符合企业自身主营业务及发展方向的特色项目。③除小微债与产业债以外，其他城投债中，32只债券募投项目为单一的保障性住房建设项目，12只为基础设施建设项目，3只为基础设施项目与保障性住房建设项目的组合，1只为园区建设项目，1只为标准化厂房项目。详见表2-2。

由此可见，保障性住房建设项目在新疆企业债券募投项目中占据绝对优势地位，占比高达57.14%。保障房项目垄断新疆企业债券募投项目的原因有：

表2-2 新疆地区全部企业债券发行情况

债券简称	发行起始日	发行规模（亿元）	发行期限（年）	债券评级	主体评级	票面利率（%）	特殊条款	增信方式	募集资金用途	评级机构	主承销商
10乌城投债	2010年1月15日	25.00	7	AA+	AA	6.50	回售、调整票面利率	质押担保	基础设施	上海新世纪资信评估投资服务有限公司	平安证券有限责任公司
11广汇集团债	2011年4月14日	16.00	6	AA	AA	5.83	回售、调整票面利率	质押担保	项目投资	鹏元资信评估有限公司	海通证券股份有限公司
11新投债	2011年10月31日	5.00	6	AA+	AA+	6.47	回售、调整票面利率		基础设施	大公国际资信评估有限公司	中信建投证券股份有限公司
12乌经开债	2012年1月10日	10.00	7	AA	AA-	8.58	债券提前偿还		基础设施	鹏元资信评估有限公司	平安证券有限责任公司
12乌国资债	2012年4月28日	14.00	6	AA	AA	6.48	债券提前偿还		保障房	中诚信国际信用评级有限责任公司	中建投证券股份有限公司
12乌城投债	2012年7月9日	9.00	7	AA	AA	6.35	债券提前偿还		保障房	上海新世纪资信评估投资服务有限公司	平安证券有限责任公司
12哈密国投债	2012年7月17日	10.00	6	AA+	AA-	6.25	债券提前偿还	不可撤销连带责任担保	保障房	中诚信国际信用评级有限责任公司	中信建投证券股份有限公司
12新业投债	2012年8月15日	6.60	7	AA+	AA+	6.20	调整票面利率、回售、债券提前偿还		基础设施	中诚信国际信用评级有限公司	中信建投证券股份有限公司
12克城投债	2012年9月4日	20.00	7	AA	AA	7.15	债券提前偿还		保障房	鹏元资信评估有限公司	华龙证券有限责任公司
12巴州库城债	2012年9月10日	12.00	6	AA	AA-	7.48		抵押担保	保障房	鹏元资信评估有限公司	信达证券股份有限公司

第二章　新疆企业债券融资现状

续表

债券简称	发行起始日	发行规模（亿元）	发行期限（年）	债券评级	主体评级	票面利率（%）	特殊条款	增信方式	募集资金用途	评级机构	主承销商
12阿克苏信诚债	2012年10月10日	10.00	6	AA	AA-	7.50	债券提前偿还	抵押担保	保障房	东方金诚国际信用评估有限公司	信达证券股份有限公司
12伊犁债	2012年11月19日	12.00	6	AA	AA	6.70	债券提前偿还		保障房	联合资信评估有限公司	信达证券股份有限公司
12喀什建投债	2012年11月27日	8.00	7	AA	AA-	7.18	债券提前偿还	抵押担保	保障房、基础设施	鹏元资信评估有限公司	广州证券有限责任公司
13乌高新债	2013年3月5日	10.00	7	AA	AA	6.18	债券提前偿还		基础设施	上海新世纪资信评估投资服务有限公司	宏源证券股份有限公司
13金特债	2013年5月23日	5.50	7	AA	AA	6.10	调整票面利率、回售		项目投资	鹏元资信评估有限公司	东北证券股份有限公司
13昌吉国投债	2013年6月3日	15.00	6	AA	AA	6.00	债券提前偿还		保障房	中诚信国际信用评级有限责任公司	广发证券股份有限公司
13博投债	2013年8月9日	9.00	7	AA	AA-	7.18	债券提前偿还	抵押担保	保障房、基础设施	上海新世纪资信评估投资服务有限公司	宏源证券股份有限公司
13吐鲁番国投债	2013年8月9日	8.00	6	AA	AA-	7.20	债券提前偿还		保障房	鹏元资信评估有限公司	中信建投证券股份有限公司
13克州债	2013年9月16日	9.00	7	AA	AA-	7.15	债券提前偿还	抵押担保	基础设施	鹏元资信评估有限公司	宏源证券股份有限公司
13塔城债	2013年10月16日	15.00	6	AA	AA	7.49	债券提前偿还		保障房、基础设施	东方金诚国际信用评估有限公司	信达证券股份有限公司

续表

债券简称	发行起始日	发行规模（亿元）	发行期限（年）	债券评级	主体评级	票面利率（%）	特殊条款	增信方式	募集资金用途	评级机构	主承销商
13车城投债01	2013年12月9日	5.00	7	AA+	AA	7.95	债券提前偿还	抵押担保	保障房	鹏元资信评估有限公司	东北证券股份有限公司
14伊宁债	2014年1月23日	15.00	7	AA+	AA	8.90	债券提前偿还		保障房	中诚信国际信用评级有限责任公司	海通证券股份有限公司
14伊财通债	2014年2月28日	16.00	7	AA	AA	7.68	债券提前偿还		保障房	联合资信评估有限公司	华龙证券有限责任公司
14富蕴国资债	2014年3月5日	8.00	6	AA	AA−	8.67	债券提前偿还		基础设施	东方金诚国际信用评估有限公司	信达证券股份有限公司
14新疆凯迪债	2014年4月22日	9.00	7	AA	AA	7.80	债券提前偿还		保障房	中诚信国际信用评级有限责任公司	信达证券股份有限公司
14克投债	2014年4月22日	14.00	7	AA+	AA	7.15	债券提前偿还	抵押担保	保障房	上海新世纪资信评估投资服务有限公司	宏源证券股份有限公司
13车城投债02	2014年4月25日	7.00	7	AA	AA	7.45	债券提前偿还		保障房	鹏元资信评估有限公司	东北证券股份有限公司
14乌房债	2014年4月25日	7.00	7	AA+	AA	7.27	债券提前偿还		保障房	大公国际资信评估有限公司	国开证券有限责任公司
14巴州车城债	2014年5月20日	12.00	6	AA+	AA	6.99	债券提前偿还	抵押担保	保障房	鹏元资信评估有限公司	信达证券股份有限公司

续表

债券简称	发行起始日	发行规模（亿元）	发行期限（年）	债券评级	主体评级	票面利率（%）	特殊条款	增信方式	募集资金用途	评级机构	主承销商
14喀什深喀债	2014年7月7日	10.00	6	AA	AA	7.08	债券提前偿还		基础设施	鹏元资信评估有限公司	信达证券股份有限公司
14新疆润盛债	2014年7月9日	8.00	6	AA	AA	7.15	债券提前偿还		基础设施	鹏元资信评估有限公司	信达证券股份有限公司
14哈密国投债01	2014年7月11日	10.00	7	AA+	AA	6.63	债券提前偿还	抵押担保	保障房	鹏元资信评估有限公司	国海证券股份有限公司
14哈密国投债02	2014年7月11日	5.00	7	AA	AA	6.87	债券提前偿还		保障房	鹏元资信评估有限公司	国海证券股份有限公司
14阿克苏债	2014年8月22日	17.00	7	AA	AA	6.74	债券提前偿还		保障房	鹏元资信评估有限公司	国开证券有限责任公司
14新供销债	2014年11月6日	8.00	7	AA+	AA	5.07	调整票面利率，回售	抵押担保	园区	上海新世纪资信评估投资服务有限公司	宏源证券股份有限公司
15乌鲁木齐债	2015年3月13日	10.00	6	AA	AA	6.17	债券提前偿还		基础设施	鹏元资信评估有限公司	信达证券股份有限公司
15吐鲁番国投债	2015年3月18日	12.00	7	AA	AA	6.20	债券提前偿还		保障房	鹏元资信评估有限公司	国海证券股份有限公司
15乌经开小微债	2015年3月26日	6.00	4	AA	AA	6.79	调整票面利率，回售		委贷	上海新世纪资信评估投资服务有限公司	申万宏源证券有限公司

续表

债券简称	发行起始日	发行规模（亿元）	发行期限（年）	债券评级	主体评级	票面利率（%）	特殊条款	增信方式	募集资金用途	评级机构	主承销商
15乌经开债	2015年4月10日	9.90	7	AA	AA	6.40	债券提前偿还		保障房	东方金诚国际信用评估有限公司	平安证券有限责任公司
15阿克苏信诚债	2015年4月15日	8.00	7	AA	AA	6.40	债券提前偿还		保障房	联合资信评估有限公司	兴业证券股份有限公司
15喀城投债	2015年7月17日	7.00	7	AA	AA	5.80	债券提前偿还	不可撤销连带责任担保	保障房	鹏元资信评估有限公司	广州证券股份有限公司
15乌高新小微债	2015年8月21日	6.00	4	AA	AA	5.19	调整票面利率，回售		委贷	上海新世纪资信评估投资服务有限公司	兴业证券股份有限公司
15博投债	2015年8月25日	8.00	7	AA	AA	5.77	债券提前偿还	抵押担保	保障房	上海新世纪资信评估投资服务有限公司	申万宏源证券有限公司
15伊宁债	2015年9月23日	5.00	7	AA	AA	5.37	债券提前偿还		保障房	中诚信国际信用评级有限责任公司	光大证券股份有限公司
15伊财通小微债	2015年11月20日	6.00	4	AA	AA	5.59	调整票面利率，回售		委贷	联合资信评估有限公司	华龙证券股份有限公司
16阿勒泰债	2016年1月21日	7.00	7	AA	AA	4.85	债券提前偿还		保障房	上海新世纪资信评估投资服务有限公司	兴业证券股份有限公司
16阿克苏债	2016年3月10日	11.00	7	AA	AA	4.09	债券提前偿还		保障房	鹏元资信评估有限公司	西南证券股份有限公司

第二章　新疆企业债券融资现状

续表

债券简称	发行起始日	发行规模（亿元）	发行期限（年）	债券评级	主体评级	票面利率（%）	特殊条款	增信方式	募集资金用途	评级机构	主承销商
16玉鑫债	2016年3月25日	13.00	7	AA	AA	4.65	债券提前偿还		保障房	鹏元资信评估有限公司	国海证券股份有限公司
16库坡建小微债	2016年9月5日	9.00	4	AA	AA	4.20	调整票面利率，回售		委贷	中诚信国际信用评级有限责任公司	申万宏源证券有限公司
16哈密国资债	2016年9月20日	4.00	7	AA	AA	3.90	债券提前偿还		基础设施	联合资信评估有限公司	海通证券股份有限公司
16昌吉债	2016年11月15日	8.00	7	AA	AA	4.24	债券提前偿还		保障房	鹏元资信评估有限公司	兴业证券股份有限公司
17乌城投小微债	2017年4月25日	20.00	4	AAA	AAA	5.18	回售，调整票面利率		委贷	中诚信国际信用评级有限责任公司	平安证券股份有限公司
17巴州国源债	2017年6月16日	16.00	7	AA+	AA+	6.08	债券提前偿还		保障房	中诚信国际信用评级有限责任公司	信达证券股份有限公司
17阿纺织	2017年6月20日	7.00	7	AA	—	7.50	债券提前偿还		标准化厂房	中诚信国际信用评级有限责任公司	红塔证券股份有限公司
17阿勒泰基建项目NPB	2017年10月25日	6.00	7	AA	AA	7.73	债券提前偿还	不可撤销连带责任担保	基础设施	上海新世纪资信评估投资服务有限公司	华龙证券股份有限公司
17哈密国投债	2017年10月26日	13.60	7	AA	AA	6.55	债券提前偿还		保障房	鹏元资信评估有限公司	国开证券股份有限公司

资料来源：自治区发展和改革委员会财金处。

①保障性住房建设一直是我国民生建设的重点工程,历来得到党中央、国务院的高度重视,传达到地方各级政府,则以目标责任书的形式予以明确,各地州及各县每个年度都被分配了一定量的保障性住房建设任务,保障房成为地方政府非建不可的项目。②2015年11月,《国家发展改革委办公厅关于简化企业债券审报程序加强风险防范和改革监管方式的意见》(发改办财金〔2015〕3127号)发布,意见明确指出:"募投项目在债券存续期内项目累计收入减去经营成本(不含折旧)、营业税金及附加后的项目净收益,须能够覆盖项目总投资,不能覆盖总投资的,应补充有效增信措施。"〔2015〕3127号文之后,募投项目的选择成为企业债承揽承做工作的重中之重,之前很多优质的、亟须投资的基础设施建设项目由于无法或只能产生较少的收益,无法满足收益在债券存续期内覆盖项目总投资的要求而不能作为企业债券募投项目。新疆地处我国西北,经济水平及产业发展水平较东部地区相对落后,寻找及落实具有良好收益性的项目则更加困难。保障性住房建设项目,若配以配套商品房或商铺、车位等具有一定收益的项目,则可满足法规要求的收益覆盖条件,从而得以成功申报。基于此,保障性住房建设项目对于新疆企业债券发行人,具有更加显著的优势。③国家发改委历来将保障房项目投资作为企业债券重点支持的方面,发改委分别于2011年、2013年和2014年先后发布了《国家发展改革委办公厅关于利用债券融资支持保障性住房建设有关问题的通知》(发改办财金〔2011〕1388号)、《国家发展改革委办公厅关于企业债券融资支持棚户区改造有关问题的通知》(发改办财金〔2013〕2050号)和《国家发展改革委办公厅关于创新企业债券融资方式扎实推进棚户区改造建设有关问题的通知》(发改办财金〔2014〕1047号)等多部文件,还将募投项目为保障性住房建设项目的企业债券列为加快和简化审核类债券的名录,从审核角度促进了更多发行人和主承销商选择保障房项目作为债券募投项目。

第四节　新疆企业债券评级

一、信用评级的含义及特征

信用评级指独立的第三方信用评级中介机构对债务人如期足额偿还债务本息的能力和意愿进行评价,并用简单的评级符号表示其违约风险和损失的严重程度。信用评价结果分为 AAA、AA、A、BBB、BB、B、CCC、CC、C、D 等等级,等级内又可通过"+"或"-"进行微调,表示稍强或稍弱于该等级。AAA 为最高等级,AA+为第二高等级,AA 则是公开发行企业债券最低的债项等级要求。

信用评级根据评级对象的不同,又可分为债项评级和主体评级。在不采取任何债券增信措施的情况下,债项评级应与发行人的主体评级一致。如果发行人采用资产抵质押担保或第三方担保等方式对债券进行增信,则债项评级可以高于或等于发行人的主体评级。

二、新疆企业债券评级分类

新疆企业债券发行人主体评级分布以 AA-及 AA 为主。就 2010 年至 2017 年 12 月 31 日期间新疆(不含兵团)发行的 56 只企业债券而言,AA 级发行人共 42 家,占比高达 76.00%,AA-级发行人共 9 家,占比为 16%,另外,还有 3 家发行人主体评级为 AA+,仅乌鲁木齐城市建设投资(集团)有限公司一家发行人主体评级达到最高等级 AAA,如图 2-1 所示。

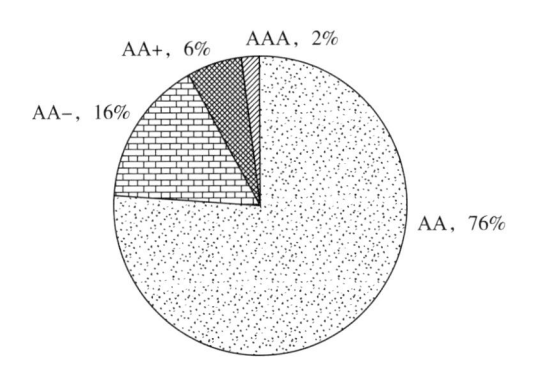

图 2-1 新疆发行企业债券主体评级及分布

由于 AA 是公开发行企业债券需要达到的最低债项等级，因此 2010 年至 2017 年 12 月 31 日期间，所有主体评级为 AA- 的发行人都通过资产抵质押或第三方担保的方式将债项等级从 AA- 提高至 AA 或 AA+。该段时间，新疆企业债券共有 44 只企业债券债项等级为 AA，仅 11 只企业债券债项等级达到 AA+，仅"17 乌城投小微债"1 只企业债券为 AAA 级债券（见图 2-2）。

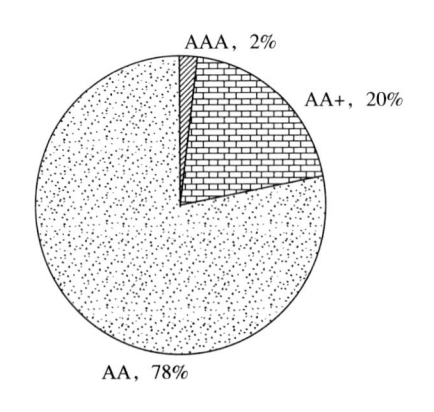

图 2-2 新疆企业债项评级等级及分布

对于主体评级为 AA 的发行人而言，因为已经达到 AA 的债项评级条件，而且第三方担保会一定程度地增加发行人的融资成本，因此主体评级为AA的发行人一般不会采用该种方式对债券进行增信。然而，为了加快审核以及降低融资成本，2010年至2017年12月31日期间，新疆42家主体评级为AA的发行人中仍有6家采用资产抵质押的方式对债券进行增信，将债券等级从AA提高至AA+。

第三章　新疆企业债券融资平台公司研究

第一节　融资平台公司历史起源与发展路径

一、融资平台公司的产生

地方政府融资平台公司（以下简称融资平台公司），是指由地方政府及其部门和机构等通过财政拨款或注入土地、股权等资产设立，承担政府投资项目融资功能，并拥有独立法人资格的经济实体。其中，包括各类综合性投资公司，如建设投资公司、建设开发公司、投资开发公司、投资控股公司、投资发展公司、投资集团公司、国有资产运营公司、国有资本经营管理中心等，以及行业性投资公司，如交通投资公司等。

我国的融资平台公司首先诞生于上海。1992年7月22日，为拓宽城市建设融资渠道，经上海市人民政府批准和授权，上海市专门成立了一家对城市建设和维护资金进行筹措和管理的城市建设专业投资和开发控股公司——上海市城市建设投资开发总公司。1993年4月15日，该公司第一次发行城市建设债券，发行金额为5亿元，发行期限为2年，票面利率为10.5%，成为我国融资平台公司发行的第一期城投债，从而揭开了我国融资平台公司发展的新篇章。自此，各地政府纷纷效仿上海，一时间融资平台公司如雨后春笋般不断涌现，发行的城投债规模不断增加。

二、融资平台公司产生的根源

我国融资平台公司是城市基础设施建设存在巨大缺口与地方政府自身实际投资能力有限之间矛盾的产物。具体产生的原因可以从以下三个方面加以分析：

第一，投资需求旺盛。随着我国城镇化建设进程的不断加快，地方对城市基础设施建设需求越来越大，供排水设施、污水处理设施、热力管网和垃圾处理等基础配套设施已无法满足日益增长的城市人口需要，同时，社会对文化、娱乐、体育等多元基础设施的需求日益强烈。加之，城市建设对地方政府官员政绩考核的正面激励等，更是提升了地方政府搞建设的热情。

第二，地方财力有限。1994年我国分税制改革以来，事权下移、财权上移，导致地方财政占全国总财政收入的比例大幅下降；与此同时，地方政府财政支出呈现出明显上升的趋势，雪上加霜的是，1995年实施的《中华人民共和国预算法》规定，地方各级预算除特殊情况外不列赤字，不能通过发行债券方式进行融资。地方政府急需资金与政府财政明显吃紧矛盾突出，于是，地方政府采取"表外负债"的方式进行隐性融资，我国融资平台公司应运而生。

第三，平台公司满足了多方诉求。在特殊的历史背景下，我国融资平台的出现充分满足了中央政府、地方政府、商业银行各方的利益诉求。对中央政府而言，调动了地方政府的积极性，推进了城镇化进程，一定规模的市政建设实际上是宏观经济持续稳定增长的重要因素；对于地方政府而言，增强了地方政府的融资能力，提高了地方投融资效率，有效缓解了地方民生投入的财政压力，有力支撑了地方市政建设，满足了地方经济发展的需求；对于银行而言，只要政府的现金流不出现问题，政府背景的贷款相对来说有一定的安全性和收益性，形成了一定的风险防控效应。

三、融资平台公司的发展路径

（一）探索发展阶段（1992~2008年）

20世纪90年代初，我国首家融资平台公司诞生于上海，揭开了我国融资平台公司发展的新篇章。受1994年分税制改革和1995年《中华人民共和国预算法》的影响，各地政府为缓解城市建设投入压力，便开始陆续搭建政府融资平台。1997年亚洲金融危机之后，在城市化步伐的加快、城市基础设施建设和公共服务需求日益凸显的大背景下，国家开发银行大力发展开发性金融，利用地方政府的组织优势，以地方财政的未来财政收入、土地收益和其他收益为还款来源，向融资平台发放贷款用于基础设施项目建设。此外，融资平台还通过发行债券、设立专门的信托计划、委托贷款、商业贷款等方式为政府投资项目融资。在地方政府缺乏替代融资渠道、转移支付制度尚不完善的情况下，融资平台缓解了地方财政提供地方公共服务和推动地方经济发展双重任务的压力，调动了地方的积极性。[1]

---

[1] 1992~2008年，最具代表性的地方政府融资平台便是重庆市的八大公共设施、基础设施投资类集团，从2002年末开始，重庆在整合各类政府资源的基础上，组建了包括城市建设投资有限公司、市地产集团、市水务集团、市高速公路发展有限公司、市交通旅游投资集团等在内的八大政府投融资平台。

(二) 高速发展阶段 (2009~2013 年)

2008 年以来，为应对国际金融危机的冲击，中央政府推出了一系列刺激性政策，激励各级地方政府积极打造新型融资平台，一时间各地融资平台遍地开花，数量和融资规模成倍增长。根据审计署 2013 年底发布的《全国政府性债务审计结果》显示，各级政府融资平台公司数量达到 7170 个。在融资平台公司高速发展的同时，也出现了一系列乱象：融资平台公司举债融资规模过度膨胀，运作不够规范；地方政府违规或变相提供担保，偿债风险日益加大；部分银行业金融机构风险意识薄弱，对融资平台公司信贷管理缺失等。

(三) 规范和转型发展阶段 (2014 年以来)

为有效防范财政金融风险，维护和保持经济持续健康发展和社会稳定，中央政府逐渐开始加强对地方政府融资平台公司和地方政府债务的管理力度。特别是在 2014 年 9 月，国务院印发《国务院关于加强地方政府性债务管理的意见》(国发〔2014〕43 号文) 明确规定：剥离融资平台公司政府融资职能，融资平台公司不得新增政府债务。地方政府新发生或有债务，要严格限定在依法担保的范围内，并根据担保合同依法承担相关责任。2015 年开始生效的新《中华人民共和国预算法》也规定，地方政府只可以在国务院确定的限额内，通过发行地方政府债券举借债务；除法律另有规定外，地方政府及其所属部门不得为任何单位和个人的债务以任何方式提供担保。2016 年 10 月，国务院发布《国务院办公厅关于印发地方政府性债务风险应急处置预案的通知》(国办函〔2016〕88 号文)，对政府债务进行甄别分类。2016 年 11 月，国务院公布政府债务具体处置指南。2017 年，六部委 50 号文、土储专项债、87 号文等一系列监管政策出台，主旨在于规范地方政府的融资担保，严格把控变相融资增加政府债务负担。2018 年初，国家和自治区加大了对政府债务风险防范工作和政府债务清理,很多投融资平台与政府剥离关系,因此,在新形势下,如何转型发展则成了融资平台公司必须面对和解决的重大问题(见表3-1)。

表3-1 2010年以来地方政府融资平台相关政策梳理

文件简称	文件全称	颁布时间	新增	同期其他文件
19号文	《国务院关于加强地方融资平台公司有关问题通知》	2010年6月	清理核实并妥善处理融资平台公司债务,公益性资产不得作为资本注入融资平台公司;依靠财政性资金偿还的公益性项目不得再通过融资平台公司融资,在建项目通过财政预算等渠道或市场化方式解决资金问题;依靠自身收益偿还债务的融资平台公司。要逐步实现商业运作。促进投资主体多元化	《关于贯彻国务院关于加强地方融资平台公司管理有关问题的通知》(412号文,2010年7月)《关于地方政府融资平台贷款清查工作的通知》(244号文,2010年8月)《国家发展改革委办公厅关于进一步规范地方政府投融资平台发行债券行为有关问题的通知》(2881号文,2010年11月)《中国银监会关于加强融资平台贷款风险管理的指导意见》(110号文,2010年12月)
34号文	《中国银监会关于切实做好2011年地方政府融资平台贷款风险监管工作的通知》	2011年3月	对城投公司建立"名单制"管理系统;严格平台借贷准入条件,实行总行集中审核制度。全面推进存量贷款整改。严格监测"整改为一般公司类贷款"的风险,监测预防不良贷款;统一实施平台贷款现场检查,严格查处地方政府违规担保问题	《关于地方政府融资平台监管有关问题的说明》(191号文,2011年6月,"四贷四不贷")《2011年地方政府自行发债试点办法》(141号文,2011年10月)
463号文	《关于制止地方政府违法违规融资行为的通知》	2012年11月	严禁直接或间接接收公众资金违规集资,一般不得通过委托单位建设并承担逐年回购(BT)责任等方式举债。不得用土地注资融资平台司,不得承担土地预期出让收入作为平台偿债资金来源,不得授权平台司承担土地储备职能,进行土地储备融资	《关于加强2012年地方政府融资平台贷款风险监管的指导意见》(12号文,2012年2月)要求融资平台按照自身现金流能否100%覆盖贷款本息、项目是否建成、是否形成经营性现金流来进行分类处置。严格降旧控新、平台退出管理。强化借贷约束

续表

文件简称	文件全称	颁布时间	新增	同期其他文件
43号文	《国务院关于加强地方性政府债务管理的意见》	2014年10月	对地方政府债务实行规模控制，严格限定政府举债程序和资金用途，把地方政府债务分门别类纳入全口径预算管理；建立债务风险应急处置机制，牢牢守住不发生区域性和系统性风险的底线；省级政府可通过政府债券方式适度举借债务，并通过一般公共预算收入偿还；有一定收益的公益性事业可通过专项债务融资，以对应的政府性基金或专项收入偿还；推广使用PPP模式；将政府性债务纳入政绩与考核；存量债务可申请发行地方政府债置换。遵循市场原则，妥善偿还存量债务	新《中华人民共和国预算法》（2014年8月）放开地方政府发债
88号文	《国务院办公厅关于印发地方政府性债务风险应急处置预案的通知》	2016年10月	建立健全地方政府债务风险应急处置工作机制；根据性质、影响周围和危害程度等，将债务风险事件划分为Ⅰ级（特大）、Ⅱ级（重大）、Ⅲ级（较大）、Ⅳ级（一般）。并建立分级响应和应急处置机制；市县政府年度一般债务付息支出占当年一般公共预算支出10%以上的，或专项债务付息支出占当年政府性基金预算支出10%以上的，领导小组必须启动财政重整计划	2016年7月，四川发布《政府债务风险应急处置预案》。2015年12月至2017年6月，海南、安徽、深圳、山东、河南、广东、云南、浙江、贵州、重庆等省份发布地方《政府债务风险应急处置预案》；天津发布《加强政府性债务风险防控工作方案的通知》；辽宁发布《关于成立辽宁省预算管理和化解地方政府债务及政府性债务风险事件应急领导小组的通知》
50号文	《关于进一步规范地方政府举债融资行为的通知》	2017年5月	明确自2015年1月1日起新增债务依法不属于地方政府债务严禁地方政府利用PPP、政府出资的各类投资基金等方式违法违规变相举债。建立跨部门大数据平台，大力推进信息公开	
87号文	《关于坚决制止地方以政府购买服务名义违法违规融资的通知》	2017年6月	强调政府用购买服务要先预算、后购买。将货物、建设工程改扩建、基础设施建设以及储备土地前期开发、农田水利等建设工程纳入政府购买服务"负面清单"，严禁利用或虚构政府购买服务合同违法违规融资	

资料来源：国务院、发改委、财政部、银监会、中国证券研究部。

第二节　新疆融资平台公司发展现状分析及存在的问题

一、新疆融资平台公司发展现状及特点

1. 平台公司数量快速增加，贷款余额有所下降

根据经济社会发展需要，新疆各级政府投融资平台成立于不同时期，主要形式为国有独资公司和法人有限责任公司，资本金由各级财政、国资委通过授权方式划转，注册资本是其向独资、控股、参股企业投资的股本之和，出资方式主要为资金、土地划拨和股权等。

新疆政府投融资平台贷款业务由国家开发银行新疆分行率先开启，业务重心主要放在新疆"二基一支"（基础设施、基础产业、支柱产业）、中小企业和县域农村经济的建设和发展上。后来，新疆其他银行纷纷跟进，在与国开行合作向政府投融资平台开展银团贷款、联合贷款的同时，也自行向政府投融资平台开展贷款业务。截至 2017 年 6 月末，新疆共有政府投融资平台公司 182 家，比 2009 年 6 月末增加 2.1 倍，均为银监会"名单制"平台，其中有余额的平台公司共 56 家，贷款余额 1381.67 亿元，较 2017 年初减少 83.11 亿元，降幅 5.7%，比去年同期减少 175.94 亿元，同比下降 11.3%，如图 3-1 所示。

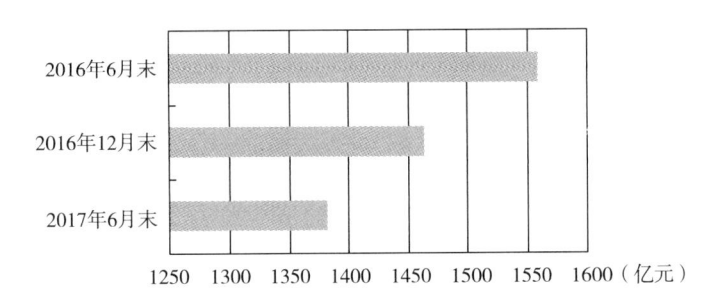

图 3-1　新疆政府投融资平台贷款余额

资料来源：中国人民银行乌鲁木齐市中心支行。

2. 平台发行城投债规模波动较大，且融资规模占比较小

新疆政府投融资平台最主要的融资方式为银行贷款，而企业债券、信托、债券转让、中期票据、短期融资券、非公开定向融资工具（PPN）等融资手段仅作为一种补充。受宏观经济政策和平台公司自身发债基础薄弱的影响，近年来新疆企业债券发行规模波动较大，2011 年发行规模最低，为 5.00 亿元，2014 年发行规模最高，为 138.00 亿元（见表 3-2）。

表 3-2　2010~2017 年以来新疆城投债发行期数和规模

年份	期数（期）	规模（亿元）
2010	1	25.00
2011	1	5.00
2012	10	111.60
2013	7	71.00
2014	14	138.00
2015	10	77.90
2016	6	52.00
2017 年 6 月末	3	62.60
合计	52	543.10

资料来源：新疆维吾尔自治区发展改革委员会财金处。

企业债融资规模在平台公司中占比较小。如2016年，新疆发行企业债券6期，规模52.00亿元，占GDP的比重为0.54%①，分别低于同期贵州和湖北2.81个百分点和0.72个百分点。2017年上半年，发行企业债券3期，规模43.00亿元，仅占平台公司银行贷款余额的3.1%。以哈密市国投公司为例，2016年和2017年企业债券发行规模分别占公司融资规模的10.5%和13.6%，如图3-2所示。

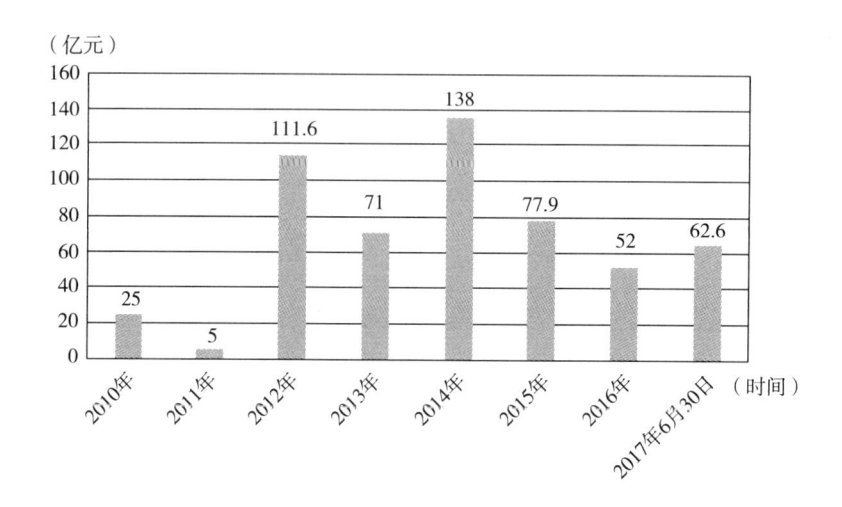

图3-2 2010年以来新疆城投债发行规模

资料来源：新疆维吾尔自治区发展改革委财金处。

3. 平台债务主要集中在自治区本级，地、州、市级和县级债务有所上升

分层级看，截至2017年6月末，新疆政府投融资平台贷款余额中，自治区级贷款余额为1011.82亿元，分别比2017年初和2016年同期下降11.3%、

---

① 企业债券融资总额与GDP的比率可以反映企业债券市场在一国（地区）国民经济中的地位和作用。

12.4%，占比73.2%；地市级、县级（含县级市）分别为301.77亿元和68.08亿元，较2017年初分别上升15.5%、8.0%，合计占比26.8%。可见，新疆政府投融资平台债务主要集中在自治区本级，地、州、市级和县级平台贷款规模均有所上升，且个别地、州、市级和县级平台公司高负债率问题也不容忽视，如图3-3所示。

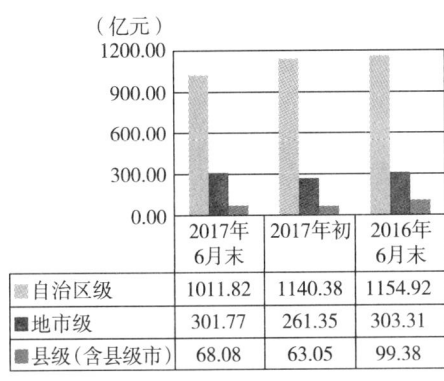

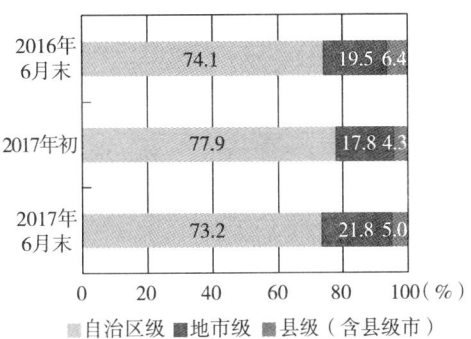

	2017年6月末	2017年初	2016年6月末
自治区级	1011.82	1140.38	1154.92
地市级	301.77	261.35	303.31
县级（含县级市）	68.08	63.05	99.38

	自治区级	地市级	县级（含县级市）
2016年6月末	74.1	19.5	6.4
2017年初	77.9	17.8	4.3
2017年6月末	73.2	21.8	5.0

（a）新疆分层级投融资平台贷款余额　　（b）新疆分层级投融资平台贷款余额占比

图3-3　新疆分层级投融资平台贷款余额及其占比

资料来源：新疆维吾尔自治区发展改革委财金处。

4. 政府机关类和企业类平台构成贷款主体，事业单位类平台债务降幅较快

从承贷主体综合分类来看，新疆投融资平台可分为政府机关类、事业单位类和企业（公司）类。截至2017年6月末，政府机关类平台贷款余额665.81亿元，分别比2017年初和2016年同期下降0.4%、1.9%，占比48.2%；事业单位类平台贷款余额为49.87亿元，分别比2017年初和2016年同期下降8.7%、30.3%，占比3.6%；企业类平台贷款余额666.00亿元，分别比2017年初和2016年同期下降10.2%、17.5%，占比48.2%。可见，政府机关类平台和企业类平台构成新疆投融资平台最主要的贷款主体，事业单位类平台和企业类平台贷款余额降速较快（见图3-4）。

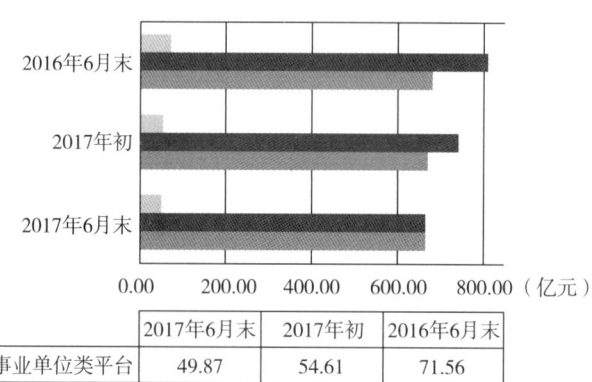

	2017年6月末	2017年初	2016年6月末
事业单位类平台	49.87	54.61	71.56
企业类平台	666.00	741.57	807.23
机关类平台	665.81	668.60	678.82

（a）新疆政府投融资平台不同主体贷款余额

（b）新疆政府投融资平台不同主体贷款余额占比

图3-4　新疆政府投融资平台不同主体贷款余额及其占比

资料来源：新疆维吾尔自治区发展改革委财金处。

5. 交通运输类平台贷款规模最大，开发区、园区类平台贷款增速最快

从承贷主体细分来看，新疆投融资平台可分为开发区、园区类、国有资产管理类、土地储备中心类、城市投资建设类、交通运输类和其他 6 种类型。截至 2017 年 6 月末，交通运输类平台贷款规模最大，为 687.78 亿元，较 2017 年初和 2016 年同期均有所下降，分别下降 0.4%、1.9%，占比 49.8%；国有资产管理类公司贷款规模次之，为 50.25 亿元，占比 32.6%；城市投资建设类公司贷款余额为 164.20 亿元，平均下降速度最快，分别比 2017 年初和 2016 年同期下降 22.1%、37.8%；开发区、园区类平台贷款规模较小，占比仅为 1.7%，但贷款增速最快，分别比 2017 年初和 2016 年同期下降 53.2%、70.8%；土地储备中心类公司和其他类平台贷款余额均有不同程度的下降，合计占比 4.1%（见图 3-5）。

6. 项目贷款占比高达 96.6%，5 年以上类贷款占比 92.6%

从贷款资金属性来看，截至 2017 年 6 月末，新疆投融资平台贷款余额中，流动资金贷款、项目贷款和其他贷款分别为 37.68 亿元、1334.74 亿元和 9.26

（a）2017年6月末新疆政府投融资平台不同主体贷款余额

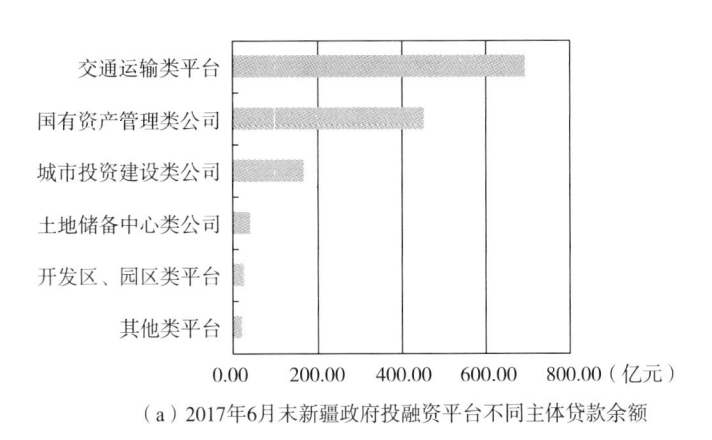

图 3-5　2017 年 6 月末新疆政府投融资平台不同主体贷款余额及其占比

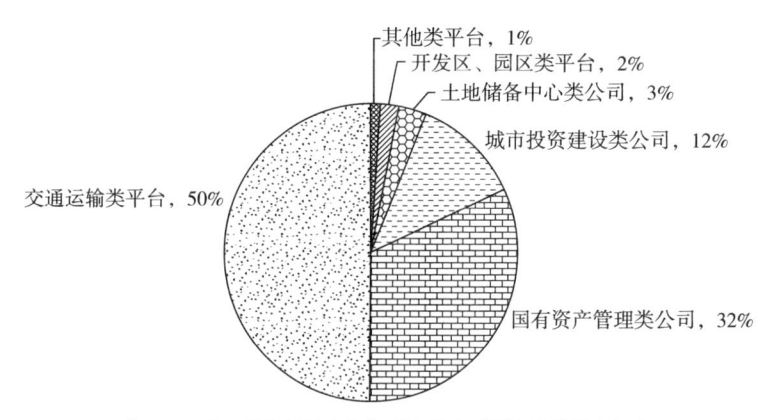

其他类平台，1%
开发区、园区类平台，2%
土地储备中心类公司，3%
城市投资建设类公司，12%
交通运输类平台，50%
国有资产管理类公司，32%

（b）2017年6月末新疆政府投融资平台不同主体贷款余额占比

图3-5　2017年6月末新疆政府投融资平台不同主体贷款余额及其占比（续）

资料来源：新疆维吾尔自治区发展改革委财金处。

亿元，占比分别为2.7%、96.6%和0.7%（见图3-6）。其中，项目贷款中，5年以上贷款余额为1235.51亿元，占比高达92.6%；1年以内（含1年）、1~3年（含3年）和3~5年（含5年）贷款合计占比7.4%，其中1年以内和3~5年期贷款降幅较大。说明短期内平台公司还款压力不大（见图3-7）。

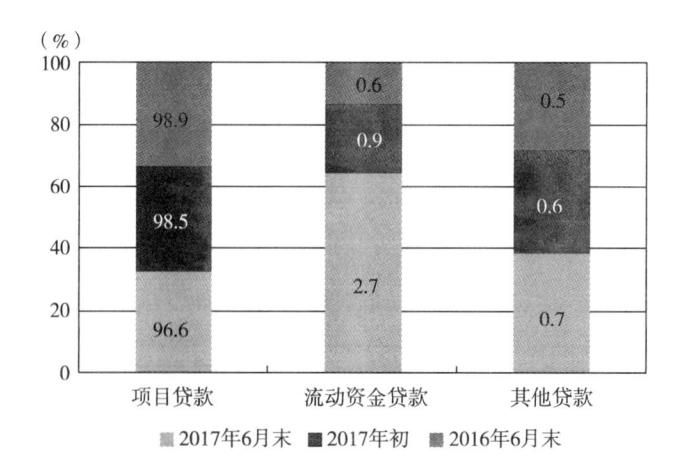

图3-6　不同属性资金贷款占比

资料来源：新疆维吾尔自治区发展改革委财金处。

图中数据：

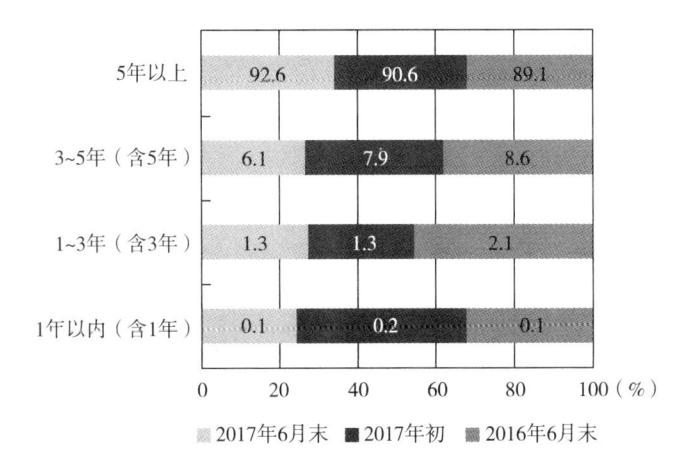

期限	2017年6月末	2017年初	2016年6月末
5年以上	92.6	90.6	89.1
3~5年（含5年）	6.1	7.9	8.6
1~3年（含3年）	1.3	1.3	2.1
1年以内（含1年）	0.1	0.2	0.1

图 3－7　项目贷款中不同期限贷款占比

资料来源：新疆维吾尔自治区发展改革委财金处。

7. 资金主要投向公路和市政基础设施建设，开发区和园区建设投入加速

从贷款资金投向来看，截至 2017 年 6 月末，新疆投融资平台贷款资金主要用于公路（不含农村公路）和市政基础设施建设，合计占比 74.5%。公路建设资金为 697.99 亿元，较 2017 年初和 2016 年同期变化不大，占比 50.5%；市政基础设施建设资金为 331.49 亿元，分别比 2017 年初和 2016 年同期下降 12.3%、22.9%（见图 3－8）。其中，道路桥梁和水气热及管网（包含污水处理）等公用事业、拆迁、旧城改造和保障性住房建设资金合计 302.85 亿元，占比 91.4%；水利设施、农村基础设施、土地收储、开发区和园区建设及其他建设资金分别为 40.02 亿元、38.62 亿元、37.28 亿元、16.20 亿元和 220.07 亿元，合计占比 25.5%。其中，开发区和园区建设资金分别比 2017 年初和 2016 年同期上升 170.2%、701.5%（见图 3－9）。

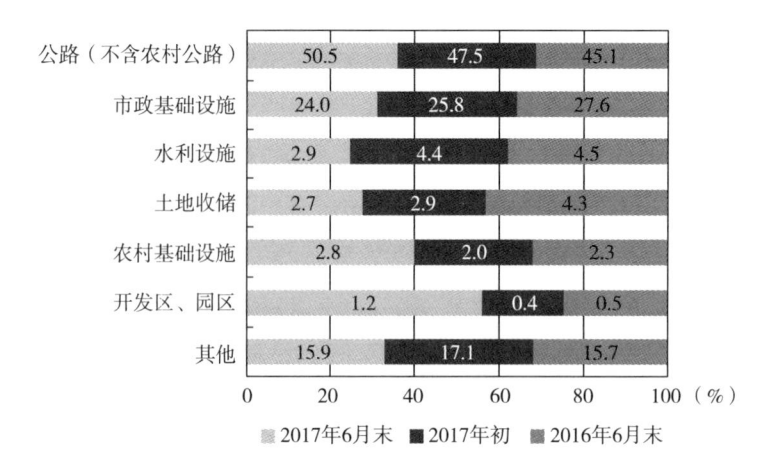

投向	2017年6月末	2017年初	2016年6月末
公路（不含农村公路）	50.5	47.5	45.1
市政基础设施	24.0	25.8	27.6
水利设施	2.9	4.4	4.5
土地收储	2.7	2.9	4.3
农村基础设施	2.8	2.0	2.3
开发区、园区	1.2	0.4	0.5
其他	15.9	17.1	15.7

图 3-8 贷款资金不同投向占比

资料来源：新疆维吾尔自治区发展改革委财金处。

投向	2017年6月末	2017年初	2016年6月末
其他市政基础设施	4.0	3.5	5.2
科教文卫等社会事业	2.4	3.0	3.2
生态建设和环境保护	2.2	5.5	5.6
拆迁、旧城改造和保障性住房	50.0	50.2	46.9
公用事业	41.4	37.9	39.2

图 3-9 资金投向不同市政基础设施占比

资料来源：新疆维吾尔自治区发展改革委财金处。

8. 贷款资金用于公益性项目超七成，偿债资金主要靠平台自身收益

从项目属性和偿债资金来源看，截至 2017 年 6 月末，新疆政府投融资

平台贷款资金用于公益性项目建设超七成，而非公益性项目占比26.9%（见图3-10）。其中，承建的公益性项目中，依靠财政性资金偿还债务为439.05亿元，较2016年同比下降441.6%，比2017年初下降14.6%，占比31.8%。依靠平台自身收益偿还债务为570.84亿元，较2016年同比下降8.8%，比2017年初略有上升0.7%，占比41.3%；承建的非公益性项目利用非财政性资金偿还债务371.79亿元，较2016年同比下降118.8%，比2017年初下降3.2%（见图3-11）。

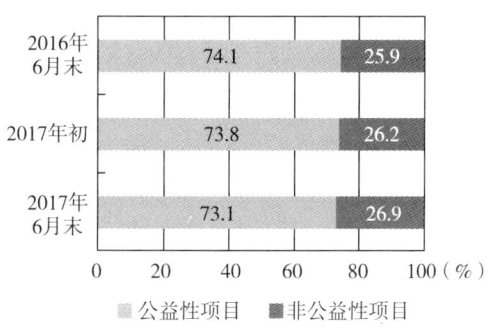

（a）新疆政府投融资平台贷款资金用于公益性与非公益性项目金额

（b）新疆政府投融资平台贷款资金用于公益性与非公益性项目占比

图3-10 新疆政府投融资平台贷款资金用于公益性和非公益性项目情况

资料来源：新疆维吾尔自治区发展改革委财金处。

二、新疆融资平台公司发展存在的主要问题

——以乌鲁木齐经济技术开发区建设发展总公司为例

（一）经营模式发展不均衡，公司收入对政府的依赖程度较高

根据调查，新疆融资平台公司近年来收入主要来源于地方政府，主营业务

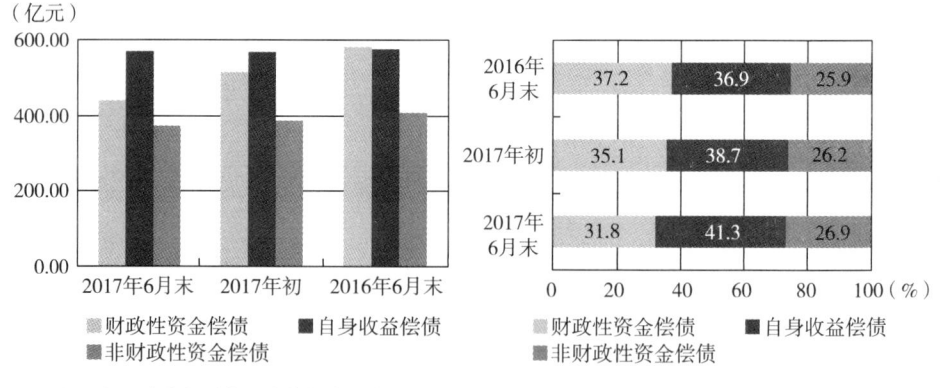

（a）新疆政府投融资平台贷款资金偿还金额　　（b）新疆政府投融资平台贷款资金偿还占比

图3-11　新疆政府投融资平台贷款资金偿还途径情况

资料来源：新疆维吾尔自治区发展改革委财金处。

发展不均衡，城市基础设施建设类业务收入在公司总收入中占比规模较大，面向市场的自主经营业务规模和占比较小。

以乌鲁木齐经济技术开发区建设发展总公司为例，截至2016年末，公司收入来源包括基础设施代建、市政道路与园林养护、资产租赁、贸易等。其中基础设施代建业务的收入由地方财政局分三年进行回购实现，市政道路与园林养护业务的收入由当地市政市容管理局根据工程量确认后支付，上述业务领域的收入均来源于政府，2014~2016年，来源于政府的业务收入在总收入中的占比分别为86.27%、63.09%、39.82%，虽然呈现出逐年下降的趋势，但对政府的依赖性仍然较高。在当地财政收入中，政府性基金来源主要为土地出让金收入，土地出让金收入约占当地财政收入的1/3，当地财政收入易受地方土地出让市场的景气度因素影响，进而影响公司来源于政府的业务收入的稳定性。

（二）应收政府款项规模较大，公司资金周转压力较大

从调查情况来看，新疆融资平台公司均存在较大规模的应收政府款项，在

公司流动资产中的占比规模较大，造成新疆融资平台公司普遍存在较大的资金周转压力。

以乌鲁木齐经济技术开发区建设发展总公司为例，截至2016年末，公司应收款项占公司流动资产的29.19%，其中70.03%为政府应收款项；公司其他应收款项占公司流动资产的13.42%，其中92%为政府其他应收款项。

（三）对外担保额度较大，不利于财务风险的控制

从调查情况来看，新疆融资平台公司普遍对外担保额度较大，或有负债的风险不容小觑。

以乌鲁木齐经济技术开发区建设发展总公司为例，截至2017年6月末，该公司当期对外担保余额占公司所有者权益的46.11%，对外担保规模较大将增加公司的或有负债风险，对公司发行企业债券融资等直接融资品种存在负面影响。

（四）利润对政府补助的依赖程度较高，自身盈利能力较弱

从调查情况来看，新疆融资平台公司由于经营业务普遍与当地政府挂钩，收入大多来源于政府，利润对政府补助的依赖程度较高，自身盈利能力较弱，随着《关于进一步规范地方政府举债融资行为的通知》（财预〔2017〕50号）及《关于坚决制止地方以政府购买服务名义违法违规融资的通知》（财预〔2017〕87号）文件的出台，新疆融资平台公司的收入和利润对政府的依赖空间被进一步压缩。

以乌鲁木齐经济技术开发区建设发展总公司为例，公司2014年至2016年末的营业外收入来源为政府补贴，政府补贴的金额占公司当年净利润的比重分别为47.59%、61.23%和10.52%，从数据上来看，政府补贴的金额占比波动较大且占比较高，体现出对政府补贴的依赖程度较高，自身的盈利能力较弱。

(五)项目多为公益性项目,自身"造血"功能不足

从调查情况来看,新疆融资平台公司承担的建设项目大多为政府公益性项目,项目建设内容通常集中在市政道路、供水、排水、电力接装、改造、绿化、照明等市政设施基础建设领域,此类项目均通过政府委托代建方式由新疆融资平台公司建设,由政府通过回购方式向融资平台公司支付建设费用。公益性建设项目自身没有经营性收入,难以依靠项目经营收入覆盖项目建设投入,最终的资金来源势必由政府承担,此外,公益性项目无法通过发行企业债券等融资方式筹措建设资金,无形中加剧了融资平台公司直接融资的难度。

以乌鲁木齐经济技术开发区建设发展总公司为例,截至2016年末,公司已完成的建设项目全部为公益性市政设施基础建设项目;截至2017年6月30日,公司正在建设的主要在建项目也均为公益性项目。

融资平台的现状和存在的问题具有较大的普遍性,遍布新疆各地的融资平台公司均不同程度地具有上述特点,上述问题也成为融资平台公司发展的掣肘,阻碍了融资平台公司的市场化经营。

第三节 平台公司整合和转型方法及案例分析研究

当前,地方政府投融资平台某些棘手问题和突出矛盾愈演愈烈,尤其是过于畸形的业务发展模式与企业自身不可持续发展的矛盾愈加突出。2010年以来,国务院及各部委相继出台了多个重要文件,加强了平台公司的监管,剥离了其政府融资职能。因此,在政府和市场的双重压力下,地方政府投融资平台转型已迫在眉睫。从全国各地平台公司转型发展经验来看,未来新疆平台公司

业务转型主要有两个方面,即转型成为城市运营商和国有创投公司。

一、转型为城市运营商

融资平台公司转型为城市运营商,是指融资平台公司从传统的城市基础设施建设角色转型成为城市各项经营性资产的管理、运营、资本运作主体。融资平台公司转型成为城市运营商具体可以从以下两个角度着力:

(一) 传统国有经营性资产的经营主体

从经营方面来讲,城市的传统基础设施如供水、供热、供电、垃圾及污水处理、地下管廊、城市停车场、高速公路、地铁、公交、体育场馆、文化场馆等基础设施的运营既能为城市的日常运转提供保障,又能产生一定的经营收益,充分开发、利用城市传统基础设施的经营使用效率。从融资方面来讲,以上述基础设施的未来一定年限的收费权,可以设计资产证券化融资品种,将基础设施未来稳定的收入转变为证券化产品融资,融通的资金既可以用于原有基础设施的维护和改造,又可以用于新建基础设施项目的建设资金。

(二) 城市新兴、支柱产业的孵化器

融资平台公司通过与城市产业发展政策融合,打造符合城市产业发展的配套设施,如产业园区、孵化园区,由融资平台公司投资建设、运营上述产业、孵化园区,既推动了城市新兴、支柱产业的集中发展,又提升了融资平台的盈利能力。以成都高新投资集团有限公司(以下简称成都高投)为例,该公司自2004年起至今陆续投资建设了成都高新区"天府软件园""高新科技园""高新孵化园""云端"等多个项目,随着成都市高新区打造软件、互联网、创业孵化等新兴产业,成都高投投资建设的上述园区成为成都软件等新兴产业的集中承载地,经过十余年的发展,包括腾讯、阿里巴巴、育碧等世界500强企业和极具创新能力的行业企业入驻园区，推动成都高新区成为中国西部软件业的高地，其软件行业的产值和影响力长期高居国内第一集团。成都高投投资并运营的"天府软件园"成为成都市高新产业的名片，并为成都高投带来了稳定的经营收益。从融资的方面来讲，创业新兴产业符合国家产业政策，是政策鼓励的行业，具备"双创"概念的融资项目具有政策的红利，同时以成都高投为例，该公司于2017年在银行间市场注册并发行了全国首只"双创"专项债务融资工具，用于投资成都高新区双创孵化园区建设和给双创企业提供创业贷款。

二、发展成为国有创投公司

融资平台公司应当发展创业投资事业，"双创"是自十八大以来我国经济发展的重要元素，也是我国经济发展的重要引擎，"双创"企业具备"高技术含量""高风险""高回报"等鲜明的特征，融资平台公司应当成为具备风险识别控制能力的国有创投平台，通过资本市场股权投资、产业基金、并购、重组、挂牌、上市、退出等运作模式的组合，与有潜力的"双创"企业共同发展。以北京市国有资产经营有限责任公司（以下简称北京国资公司）为例，该公司多年来在中长期股权投资、私募股权投资（PE）和创投等重大项目投资方面积累了丰富的经验，形成了投资—管理—退出的规范流程和完整的投资业务链，该公司的核心运营模式遵循"投资—培育—成熟—退出—再投资"的方针，该公司对部分投资项目会选择在适当的时机考虑退出，实现投资收益。

北京国资公司的投资收益主要来源于被投资企业的分红而产生的投资收益、由适时处置退出企业股权产生的投资收益、按照会计准则对被投资企业按照权益法核算而产生的投资收益。2014～2016年，北京国资公司实现的投资收益合计分别为277643.36万元、307203.40万元和208878.91万元，占营业收入的比例分别为33.11%、26.70%和14.67%，占利润总额的比例分别为90.82%、91.07%和60.24%，占比较高。北京国资公司通过对培育成熟的企业进行战略性退出，从而取得可观的收益是公司投资收益的重要来源，2014~2016年，国资公司在股权、基金等投资方面的退出产生的投资收益分别为175160.17万元、155761.86万元和126254.08万元，占投资收益的比例分别为63.09%、50.70%和60.44%。

近年来通过北京国资公司良好的核心运营模式，公司对被投资企业的良好培育扶持，对战略性退出企业的精心筛选，并结合寻求被投资企业上市、转售等多种股权退出方式、北京国资公司每年均有较大金额的股权退出项目并取得了良好效益。因此，取得投资收益是北京国资公司获取利润的重要手段。

第四章 新疆企业债券融资存在的主要问题

企业债券融资为新疆经济建设筹集了资金，支持了一大批城市基础设施建设、棚户区改造等重点建设项目，企业债券的管理也逐渐向规范化迈进，新的管理制度不断创新，企业债券融资对新疆经济发展发挥了重要作用。但是，新疆企业债券的发展还处于初期阶段，还存在着许多问题和不足，具体表现在适宜发债企业数量不足、政府支持力度不够、中介服务水平不高、企业对债券融资认识不到位等方面。同时，也存在部分发行人风险防范意识不强，存在重申报发行、轻后期管理的现象。

第一节 新疆企业债券发行过程中存在的问题

一、企业整体实力弱，符合发债条件的企业较少

企业债从发行主体来看，主要包括地方政府平台类企业和一般类企业，其中平台类企业是否能发行企业债券主要与地方政府财政收入相关，一般类企业是否符合发债标准主要取决于公司自身规模、盈利能力等。新疆大多数企业属于中小企业，规模普遍偏小，整体实力薄弱，亏损普遍，存在极大的兑付风险，适合发行债券的一般类企业较少。以规模以上工业企业为例，2016年新疆全区规模以上工业企业总数为2894家，亏损783家，占规模以上工业企业总数的27.06%，企业亏损面较大。规模以上工业企业中，大中型企业占比较低，共395家，其中亏损企业128家，占大中型企业的32.41%。根据企业公开发行企业债券"最近三年平均可分配利润"足以支付企业债券一年利息等规定，企业亏损，盈利不足，将直接影响着企业能否公开发行企业债券。由于新疆经济发展水平落后，政府地方财政收入相对较少，自国家发改委允许县级平台公司发债以来，平台债的发行主体由地级市平台为主迅速下沉至县区级平台，而江苏等经济发达的乡镇也实现了企业债券融资。结合国家发改委政策要求及评级公司的评级标准，一般要求平台企业所属的地方政府公共财政收入达7亿元以上，这一标准在内地很容易实现，而在新疆符合标准的县、区仍然占少数。截至2016年底，除去自治区及各地州本级财政，全疆共104个县市区（包括自治区直属兵团县市区），地方政府一般公共预算收入超过7亿元的共35个，占33.7%。克州、和田地区等个别地州甚至没有一个符合条件的县市，地方财政一般公共预算达7亿元以上的县市主要集中在新疆首府乌鲁木齐和昌吉州，这两个地州占一般公共预算达7亿元以上县市总数的37.1%（见表4-1）。

表4-1　2016年一般公共预算收入达7亿元以上县市区统计

单位：万元

序号	市、县、区	收入	支出
1	经济技术开发区（头屯河区）	705035	636708
2	高新技术开发区（新市区）	642232	200577

续表

序号	市、县、区	收入	支出
3	天山区	250600	280259
4	沙依巴克区	203904	229490
5	新市区	231663	213745
6	水磨沟区	239230	264236
7	米东区	313246	361119
8	昌吉市	372738	592884
9	阜康市	209814	323744
10	呼图壁县	105689	260111
11	玛纳斯县	99686	252529
12	奇台县	74799	282288
13	吉木萨尔县	76606	267916
14	克拉玛依区	146954	213342
15	独山子区	86033	140868
16	高昌区	79065	247767
17	鄯善县	115644	215827
18	托克逊县	86716	181827
19	伊州区	459092	620889
20	伊宁市	214137	417431
21	奎屯市	112305	239658
22	霍尔果斯市	131606	105332
23	乌苏市	146877	346128
24	沙湾县	92237	259450
25	富蕴县	80008	206725
26	博乐市	102320	276384
27	库尔勒市	331226	462624
28	轮台县	72994	179189
29	阿克苏市	172864	409409
30	库车县	287506	502757
31	沙雅县	88356	283056
32	拜城县	122291	274774
33	喀什市	200276	632478

续表

序号	市、县、区	收入	支出
34	石河子市	388815	498628
35	五家渠市	174298	157840

资料来源:《新疆统计年鉴(2017)》。

除上述要求外,新疆多数企业在经营运作上缺乏一定的统一规范性,企业的管理效率较低,粗放型管理模式较为普遍,故其在财务管理、内部控制、信息公开等方面都普遍存在问题,企业的资信情况也影响企业的发行债券。

二、债券审批前期准备工作不扎实、不充分

目前,根据《国家发展改革委办公厅关于简化企业债券申报程序加强风险防范和改革监管方式的意见》(发改办财金〔2015〕3127号)企业债券审核流程已大幅简化,"地方企业可直接向省级发展改革部门提交企业债券申报材料,抄送地市级、县级发展改革部门,省级发展改革部门应于5个工作日内向国家发改委转报,国家发改委将委托第三方专业机构就债券申报材料的完备性、合规性开展技术评估。债券从省级发展改革部门转报直至国家发改委核准时间,应在30个工作日内完成(情况复杂的不超过60个工作日),其中第三方技术评估不超过15个工作日"。但由于企业不熟悉发债的相关法律法规,发债材料准备不扎实、不充分,需要补充和修改内容较多,根据国家发改委的反馈意见补充和修改资料的时间、企业获准发债规模后编制企业债券发行方案等时间较长,且均未计算在国家规定的发债时间内,实际上企业通过发行企业债券融资时间远超过文件规定的时间。再加上新疆特有的气候原因,施工期短,企业债券资金到位时间往往不能与项目建设的资金需求相匹配。调研时部分企业反映,个别债券从发行到资金到位历经1年多的时间,项目在债券申请审批过程中就已经开工建设,项目建设资金只能通过其他渠道解决,待债券获得审批，资金到位后，再置换前期垫资。而通过债券募集的资金，必须投向约定的固定资产投资项目，用于置换前期垫资的资金有限，导致企业债券资金闲置和挪用问题突出，使企业再次发行企业债券的意愿不强。因此，有发债能力的新疆维吾尔自治区本级投融资平台和大中型国有企业发债数量和规模有限，未能充分发挥发债的引导带动作用。2010~2017年，再次发债的企业有14家，占发债企业总数的41.03%。

三、投融资专业人才缺乏，企业对债券融资的认识不到位

新疆县市发展较慢，人才流失、人才缺乏是各县市存在最普遍、最重要的问题。县级的投融资平台缺少投融资专业人才，人才的缺失直接影响着企业对债券融资的认识。新疆县级企业在日常经营过程中经常接触到的融资方式多为信贷融资，对目前债券融资为主的融资模式的了解不足。主要表现在以下两个方面：一方面，企业对选择融资条件相对严格的债券融资模式还了解不深。一般来说，银行并不愿意提供大额的长期贷款，银行融资以中短期资金为主，而且当企业财务状况不佳和负债比率过高时，贷款利率较高，甚至根本得不到贷款。而债券融资多以中长期资金为主，能够更好地服务于企业和当地经济的发展，因此，企业通过债券融资筹集的资金通常要比通过银行融资更加稳定和自由度更高。另一方面，对发行企业债券的宣传培训还不充分，企业及平台公司对债券产品、债券政策法规、各类债券融资工具、各债券品种融资条件、程序、特点的认知程度不足，导致了在债券融资的过程中，企业申报材料常常出现不符合债券融资要求，无法进行债券融资或需要大力改进的情况，从而加大了债券融资的难度，影响了企业发行债券的积极性和主动性。

四、县级平台公司资产整合重组能力不足，融资规模小

新疆多数县（市）域内资源相对较少，且许多优质资源主要集中在国有

企业。同时，部分县（市）又有多个融资平台同时存在，这就在一定程度上制约了县级资产整合，诸多原因造成县区级融资平台资产总额小、资产质量差、资产结构不合理等问题，制约了县级融资平台的融资手段和融资能力。目前，新疆绝大部分县区级融资仅涉及银行贷款和信托融资两种手段。另外，新疆多数县级融资平台规模较小，没有严格按照国有资产管理办法的规定对收支进行管理，导致诸多经营性现金流入没有入账。而平台工作没有稳定的经营性现金流入，完全依靠项目建设融资和地方财政拨款，不符合发债条件。目前国家发改委已放开对非百强县级平台发债的指标限制，虽然新疆已发债的39家企业中有伊宁市、富蕴县、库尔勒市、库车县4个地方县市，但总体来说，新疆各县市企业普遍规模小，资产不足，营利能力弱，具备发债条件的主体公司较少，已发债的4个县市仅占全疆104个县市区的3.85%。调研时乌鲁木齐县投资平台公司反映，县级财政有限，可供整合的有效资产不足，这就使平台公司发债受到很大限制；此外，平台公司经营收入有限，不能保证后期能够如期兑付债券，且融资平台公司没有建立相应的项目储备库，融资需求不足，这些都是限制县级平台公司发行债券的重要原因。

第二节 新疆企业债券存续期风险问题

新疆企业债券尚未出现偿付违约的债券，但通过调研及分析，新疆企业债券偿付也存在着一定潜在风险，债券管理和运行机制有待进一步完善。

一、企业普遍存在着缺乏有效担保的问题

目前，企业发行担保债券时，评级AA债券需要增信，其中最主要措施就是有相应担保,而且对担保机构评级要求较高,信用评级需在 AA+以上,注册资本通常也在 10 亿元以上。在《关于全面加强企业债券风险防范的若干意见》中明确规定,"资产负债率在 60% 以上的城投类发债申请企业和资产负债率在 70% 以上的一般生产经济发债申请企业,原则上必须提供担保措施。"国内多数省区都有规模较大、符合条件的专业担保机构,这些机构有助于支持本地企业开展债券融资、提高企业信用级别,提高担保业务办理效率,扩大企业债券融资规模。从目前新疆担保机构来看,普遍规模小、注册资本低,且基本未进行第三方信用评级,不能对新疆开展债券融资的企业进行担保,对发债企业的担保能力严重不足,制约了企业债券融资的发展。担保主体的缺失也在一定程度上限制了企业债券融资的顺利进行,2010~2017 年,新疆(不包含生产建设兵团)发行的 56 只企业债券仅有 3 只企业债券由第三方担保,其余企业债券均无担保。

二、平台债发行主体自身盈利能力较差、偿债能力有限

企业债券主要可分为产业债、平台债,新疆多为平台债。从地方政府融资平台还款能力来分析,其到期偿债能力相对有限,存在潜在的兑付风险。

1. 募投项目自身收益低

从已发行的企业债券及调研结果来看,新疆平台公司发行企业债券的项目多数为基础设施建设、市政工程、棚户区改造等公共服务项目和民生工程建设,项目自身收益较低,仅靠项目自身收益难以偿付债券本息。如 2010 年至 2017 年底,乌鲁木齐市共有 13 家企业发行了 16 只债券,其中多只债券募集资金均用于收益相对较低的基础设施、市政工程和民生工程建设。

2. 平台公司传统业务占比大、盈利能力差，偿债风险高

新疆的各融资平台，主要通过各级政府划拨土地、注入资产、国企股权等方式出资设立，使资产规模和财务状况达到融资标准。平台公司以各地财政对公司的注资受益权、补贴、偿债基金等作为保证，通过向银行贷款或发行企业债券等方式融入资金，并重点投向基础设施、公用事业等公益性、准公益性或收益低的项目建设[1]。由于融资平台承担了较多公益性项目的投资责任，例如城市道路、水利设施、文化教育、保障性住房等项目建设，无法产生更多的现金流，政府财政补贴成为平台公司利润的主要来源，平台公司收入较低，多数平台公司盈利能力很弱。

以乌鲁木齐市城市建设投资（集团）有限公司为例：

截至2017年11月末，乌鲁木齐市城市建设投资（集团）有限公司债务余额837.5亿元，其中：列入政府债务系统中政府负有偿还责任的债务（一类、一般债务及专项债务）94.15亿元，政府可能承担一定救助责任的债务（三类、救助类债务）20.89亿元，2015年后新增债务未列入政府债务系统中为722.46亿元。2015年启动的政府债务置换工作对城投集团按时偿还债务、减轻债务负担，调整债务结构起了巨大作用。但2015年后公司新增债务未列入政府债务系统中，在国家政策限制平台融资，禁止地方政府隐性担保的情况下，新增债务缺少地方债置换的资金来源，偿债风险高。

从以上案例可以看出，平台公司传统业务占比较大，盈利能力弱，这就直接导致企业债务风险高，偿债压力大（见表4-2）。

---

[1] 刘立峰. 地方政府投融资及其可持续性［M］. 北京：中国发展出版社，2015：199.

表4-2 2015~2016年营业收入构成及毛利率情况

项目	2016年 收入（万元）	2016年 毛利率（%）	2015年 收入（万元）	2015年 毛利率（%）
土地治理收入	—	0	12000	99.75%
土地开发收入	17745.19	79.27	19769.11	65.76
建造工程收入	7396.19	18.35	5865.48	7.73
混凝土收入	2507.33	25.23	6574.96	25.23
商贸零售收入	73431.76	1.76	13643.75	0.97
（1）煤炭、短棉绒等产品收入	73429.45	1.76	10363.6	5.78
（2）农副产品收入	2.31	-14.88	3280.16	-14.23
其他业务收入	2976.37	80.61	663.78	75.74
合计	104056.84	18.98	58517.07	47.37

资料来源：2015年乌鲁木齐国有资产投资有限公司债券2017年跟踪信用评级报告。

三、市场监管力度仍需加强

一是信誉评价监管不到位，企业债券虽然在发行时要求进行信用等级评价，但对信用等级评价的公正性、客观性、真实性没有建立法制监督；二是对信息披露的规范性和时效性缺乏有效监控，新疆企业债券市场信息披露的监管力度不够，投资者难以对披露信息的可信度做出有效判断，对未履行信息披露义务的企业，缺少相应的处罚措施，仅在《国家发展改革委办公厅关于进一步加强企业债券存续期监管工作有关问题的通知》中规定，"对未按期进行信息披露的企业，暂停受理其新的发债申请"；三是新疆企业债券定期风险排查机制还需健全和完善，国家发改委要求省级发展改革部门按近期、中期、远期对可能出现的偿债风险进行监测，监测体系的建立可依托信用评级公司的跟踪评级、财务报告、地区经济发展状况以及国家未来建立的社会征信体系等多种信息源，进行综合分析，最终形成近、中、远期兑付风险监测工作预案；四是新疆的信用体系建设相对滞后，对发债企业、主承销商、信用评级机构等中介机构的信用信息管理还不够完善。

四、中介机构在新疆本地分支机构少、人员流动大等原因导致存续期管理存在一定疏漏

在金融市场的运行中，中介机构是投融资活动的桥梁和组织核心。在债券市场上，中介机构主要包括主承销商、评级公司、律师事务所和会计事务所等，其中最主要的是主承销商。尽管主承销商并没有承担债券刚兑的义务，但应在尽职调查、信息披露、持续督导方面履职尽责。主承销商作为尽职调查的责任人、推介债券发行的主要机构，理应本着尽职原则，对发行人进行全面、客观的调查，及时、准确地披露相关信息，并做好持续督导。但目前，由于中介机构在新疆本地分支机构少，且人员流动频繁，导致新疆企业债券部分承销机构在债券存续期管理方面存在问题，如在项目发行上忽视了项目质量，募集说明书的编写及其他信息披露等工作出现疏漏。债券发行后，主承销商在存续期没有定期回访，对募投项目进展及偿付能力情况跟踪不及时、不完整。

第三节　市场层面的问题

新疆企业债券市场发展相对滞后，无论是市场整体规模、融资能力、市场成熟度还是流动性方面都落后于内地省区。

一、企业债券的规模小，发挥作用不足

新疆企业债券发展相对缓慢，企业债券的融资规模明显偏小，远不及银行贷款，2010年至2016年，新疆企业债券融资规模为510亿元，仅占新疆同期固定资产投资额的 0.97%。2016 年新疆债券融资规模为 52 亿元，占 2016 年新增贷款余额（2016 年末贷款余额 14552.71 亿元减去 2015 年末贷款余额 13041 亿元）1511.71 亿元的 3.44%，占同年固定资产投资额的 0.52%。与湖北、贵州等内地省市相比，新疆债券融资规模相差较大，2016 年，湖北省企业债券融资规模为 408.1 亿元，占同年湖北省固定资产投资额的 1.38%，融资规模和融资规模占固定资产投资额的比例分别为新疆的 7.85 倍、2.65 倍；贵州省企业债券核准融资规模为 448.9 亿元，占同年贵州省固定资产投资额的 3.47%，融资规模和融资规模固定资产投资额的比例分别为新疆的 8.63 倍、6.67 倍。可以看出，新疆企业在债券融资能力方面与内地发达省市有明显差别，企业债券融资支持新疆经济发展方面的作用还没有充分发挥（见表 4-3 与图 4-1）。

表 4-3 2016 年新疆与湖北省、贵州省企业债券融资规模对比情况

地区	融资规模（亿元）	全社会固定资产投资额（亿元）	融资规模占固定资产投资额的比例（%）
新疆维吾尔自治区	52.00	9983.86	0.52
湖北省	408.10	29503.88	1.38
贵州省	448.90	12929.17	3.47

二、已发行的企业债品种单一

新疆企业债多为地方投融资平台公司发行的平台债，2010 年至 2017 年，新疆发行的 56 只债券中，仅有 3 只产业债和 5 只小微企业增信集合债。近年来国家发展和改革委员会在企业债券领域推出了专项债券、绿色债券、项目收益债券等创新品种，截至 2017 年底，新疆尚未发行此类创新债券，2018 年初，新疆虽然核准了绿色债和停车场债，但还未发行，新疆仍处于平台债占绝

对多数,传统企业债券品种占主导地位的局面,新疆企业债券发行还需进一步创新。

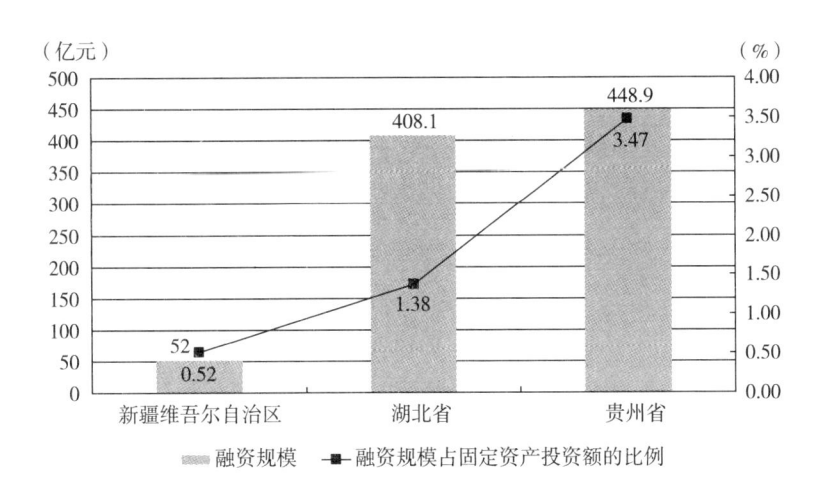

图 4-1 2016年新疆与湖北省、贵州省企业债券融资情况对比

资料来源:《新疆统计年鉴》(2017)、《贵州统计年鉴》(2017);以及湖北省、贵州省财金处提供的数据。

三、市场交易积极性不高

企业债券市场的发展需要健全的一级市场和二级市场,一级市场保障了二级市场的交易内容,投资者依靠二级市场可以对购买的企业债券进行自由交易,进而吸引更多的投资者来购买企业债券,这就促进了一级市场的快速发展,两者是相辅相成的。对于企业债券市场而言,良好的流动性使债券市场活跃,债券投资者与债券发行方都能获利,并有效推动企业债券一级市场的发展。没有发达的二级市场作为支撑的一级市场是难以发展壮大起来的。目前,新疆企业债券一级市场总体呈较好发展态势,然而二级市场的流动性依然较弱，交易极为不活跃，债券的买卖盘都较小，导致债券不能有效流通和定价。此外，新疆债券市场起步较晚，市场运行机制不完善，外部激励政策与内地等发达省市相比基本处于空白，实质性优惠措施不到位，债券发行前的评估认证、资金投放后的账户监管以及信息披露等工作发行成本较高，这也是导致企业发行债券、二级市场交易积极性不高的原因之一。此外，企业发行成本较高，现在利率8%～9%，票面利率过高，使企业在债券核准后找不到投资者，影响了企业债券交易。

第五章　新疆企业债券风险防控

近两年，国家发改委逐步放松了企业发债主体的限制、取消发债指标限制、建立部分地区企业申请企业债券"直通车"机制、对符合要求的债券豁免部分审批环节，这种事前审批向事后监管的转变，对加强企业债券存续期监管提出了更高的要求。新疆企业债券发行起于2010年，截至目前企业债券市场未出现违约事件，无论是市场参与方还是监管部门，其工作重心多集中在发行阶段，对存续期的监管相对欠缺，对中介机构履职尽责的约束弱化。根据Wind数据库统计（见图5-1），2018年开始，新疆企业债券将进入集中兑付

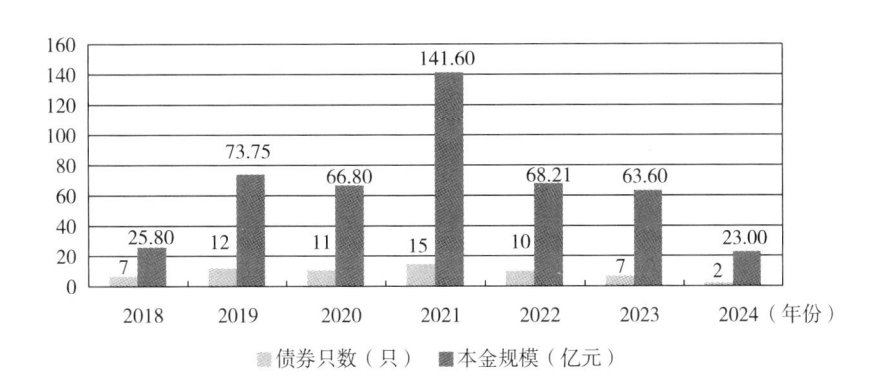

图5-1　2018~2024年新疆企业债券兑付情况

资料来源：Wind数据库。

期。为提前防范债券违约风险，需加快建立企业债券存续期风险管理配套制度，从存续期信用风险管理制度建设入手，通过明确发行各方在债券存续期中的职责，提高各参与方的主动风险管理意识，加强对投资者权益的保护。

第一节　新疆企业债券风险防范与管理制度设计

现阶段，企业债券发行人的资信水平参差不齐，债券发行申请、审批、债券资金运用监督、信息披露等制度不健全，存在着一定的信用风险。在债券市场上，信用风险主要包括违约风险和降级风险。即债券存续期间，因宏观环境恶化或自身经营不善等因素而导致信用级别下降和债券到期时，债券发行人因自身经营问题或技术性原因导致无法偿付本息的违约事件。而就违约事件来看，债券市场对违约事件的界定普遍以"实质性违约"为准，即债券到期时，债券发行人既不能通过自身经营获得足够的偿债资金，也不能通过外部渠道筹集足够的偿债资金，最终导致债券的本息无法偿付，它是仅针对发行人信用质量恶化导致的资金偿付失约。另一种是技术性违约，即由于资金结算操作失误等原因导致的失约事件。对企业债券的风险防范和制度设计，主要针对的是影响资金到期偿付的"实质性违约"风险和信用降级风险。

在经济增速下行压力仍然存在，去杠杆持续推进的过程中，信用风险持续释放是正常的市场化现象。在此过程中，如何加强事中事后风险管理、最大化保护债权人利益、妥善化解债券风险、稳定实体经济发展十分重要。在企业债违约高发的大背景下，新疆企业债券如新疆金特钢铁股份有限公司于2013年发行的"13金特债"在历经2014年钢铁价格下跌、产能过剩、行业整体景气度持续下降等阶段后出现兑付风险，直到2017年仍然不足以支付2018年度利息、回售款项，鹏元资信评级有限公司将该公司主体长期信用等级和"13金特债/金特暂停"信用等级列入信用评级观察名单。自治区发改委会同巴州政府和承销商研究采取打折回购模式①，主动将化解债券市场的风险端口前移，最大限度地保障债权人利益，创新了高危企业债的风险处理方式。因此，完善的企业债券风险防控与管理制度设计对更好地发挥企业债券融资职能，促进实体经济发展意义重大。

一、建立企业债券信用风险管理报告制度

建立定期或不定期风险管理报告制度。根据《国家发改委办公厅关于简化企业债券申报程序加强风险防范和改革监管方式的意见》（发改办财金〔2015〕3127号文）要求，"主承销商必须诚实守信、勤勉尽责，对发行人进行尽职调查，充分了解发行人的经营情况和偿债风险，对发行人的偿债能力做出专业判断"，但未对尽职调查次数、偿债风险评价反馈方式及频次做出具体要求。为督促主承销商勤勉尽责，主动加强企业债券风险管理，需要求主承销商定期于债券半年度报告以及年度报告中，说明企业债券风险状况及开展信用风险管理工作的情况，并就企业债券信用风险监测、排查、预警、化解和处置工作中的重要事项提交信用风险管理报告，以便主管机构及时掌握企业债券市场的风险状况。一经发现其承销的债券出现影响还本付息的风险事项，需及时督促发行人或其他相关机构披露相关信息，进行风险预警。必要时召开债券持有人会议，及时披露影响债券还本付息的风险事项。

二、建立企业债券预警机制和突发事件应急机制

企业经营状况、募集资金使用方向、募投项目建设进度、企业偿债能力等

---

① 即以票面价值60%的比例进行打折偿还，对其持有份额于2017年5月23日至2018年5月22日期间产生的利息进行全额偿还。

是影响发债企业能否按时偿还本息的决定性因素，因此，需建立企业债券预警监测体系和机制，对企业经营状况、募集资金使用方向、募投项目建设进度、企业偿债能力等进行动态监测，并根据监测指标数值及时做出预警提示，确定和对外传递企业债券相关信息。

建立企业债券预警机制和突发事件应急机制，首先要由自治区发改委为主导，结合发行人偿债能力、募投项目、现金流情况科学设计预警统计表格，并按照突发事件性质、可控程度、影响范围和对企业债券还本付息的影响程度等因素设置应急分类依据。在此基础上，建立以债券发行人为核心，主承销商牵头，提供信用增进服务的机构、信用评级机构和律师事务所等中介机构配合的统一指挥、分工明确、协同配合的内部应急管理组织体系和外部沟通协调机制，对可能影响资金到期偿付等"实质性违约"行为发生的突发事件，及时统计指标、分类处置。主承销商、企业和相关中介机构应在应急处置结束后，及时对突发事件的发生、处置过程、处置结果以及损失进行全面的评估和总结，完善应急管理预案，并向自治区发改委提交应急处置报告。

三、建立中介机构评估机制

企业债券中介机构主要包括企业债券主承销商、信用评级机构、会计师事务所、律师事务所、资产评估机构等。现行的中介机构评估、评价制度，主要是依据国家发改委2015年出台的《企业债券中介机构信用评价办法》，由国家发展改革委委托第三方机构，通过专业评价、案例评价、抽查评价等方式对中介机构定期实施评价。

为进一步促进新疆地区企业债券发展，充分利用中介机构力量，自治区发改委可以在借鉴国家发改委公布的《企业债券中介机构信用评价办法》的基础上，结合新疆开展业务工作的实际，从主管部门、发行人、第三方评估机构、投资者代表、专家等维度，对中介机构行为信息、人才队伍及业务开展能力、服务水平和服务质量、履职尽责等方面实施区域性的综合评估,并将评估结果定期在公开网站上公布,以督促中介机构勤勉尽责。对中介机构的正面行为的评价予以公开,并提供经验交流机会、促进项目对接;对重大失信失职行为,自治区发改委可以施以警告或责令主承销商充分自查,并在发改委系统内部通报;对一般失信失职行为,需与当事机构和责任人进行诫勉谈话,责令限期整改,并将有关情况在发改委系统内通报;对于不专业行为,限期改正,多次发生不专业行为,则进行诫勉谈话和在发改委系统内部通报。对评级质量差,风险揭示严重缺失的评级机构实行禁入制度等。

四、建立信用评价和联合惩戒机制

《国家发展改革委办公厅关于简化企业债券审报程序加强风险防范和改革监管方式的意见》(发改办财金〔2015〕3127号)明确将按照国家发改委制定的《企业债券中介机构信用评价办法》,对承销机构、信用评级等中介机构建立信用档案,通过信用水平分类对中介机构实施守信激励和失信惩戒措施,对优质承销机构和信用评级机构推荐的企业债券项目实行绿色通道。自治区发改委可以在国家建立的中介机构信用评价体系的基础上,对在全疆范围内开展企业债券业务的中介机构建立信用档案、开展信用评价,并根据评价结果对中介机构进行分类,对优质机构承办的企业债券实施一般监管,对有待提高的中介机构实施从严监管。同时,自治区发改委还需委托地州(市)发改委,对区域内债券募集和偿债资金管理情况、募投项目建设情况进行不定期检查。也可组织开展随机抽查或组织各地州(市)之间开展交叉检查。对检查中核实的监管失职和失信行为,自治区发改委以法人单位为统计对象,分级分类进行从严办理债券申报、列入失信黑名单等惩治,并会同相关行业主管部门依规开展联合惩戒。

第二节 新疆企业债券存续期风险管理要点和风险防控

严格落实企业债券市场参与各方信用风险管理的主体责任，加强对企业偿债能力变动情况、募集资金使用情况、增信措施变动情况等存续期风险管理的主要方面进行监管，提高主动管理企业债券信用风险的意识，建立持续性、常态化债券风险管理机制和体系，将企业债券信用风险控制重心前移，推进市场化、法制化的违约风险化解处置机制，强化存续期信用风险管理力度。

一、全面落实各市场参与主体的风险管理责任，强调债券发行人的主体责任

企业债券发行人是信息披露的第一责任人，不仅对所披露信息的内容负有诚信责任，而且还应主动全面配合中介机构开展尽职调查。同时，企业债券发行人或是债券本息兑付的直接责任人，其自身经营状况、偿债资金来源状况、募集资金使用情况、募投项目建设情况等直接影响债券本息的偿付能力。因此，要求企业债券发行人定期对年度内企业债券偿债资金来源情况、募投项目建设和募集资金使用情况、是否按募集说明书约定向偿债专户归集并划转偿债资金、重要商务合同履约及应收账款回收情况、是否按规定和募集说明书约定进行信息披露等本息兑付资金准备情况进行自查，并形成自查报告上报给上级主管部门（地、州、市发改委）。除此之外，发行人还应当对其在存续期内出现重大经营困难等可能影响债券兑付事项，及时向自治区发改委和地（州、市）发改委报告。

债券主承销商需以风险为导向，定期持续性地开展风险监测、排查与预警、化解与处置等风险管理工作，督促发行人做好募集资金使用、偿债资金准备、偿债账户管理工作安排。对发行人本息兑付资金准备情况进行核查，并按区域汇总有关情况，形成风险核查报告报送地（州、市）发改委。主承销商在存续期内发现发行人出现重大经营困难等可能影响债券兑付事项的，应及时向自治区发改委和州、市发改委报告。

增信机构等其他机构配合发行人做好风险管理工作，资信评级机构做好跟踪评级工作，对于出现影响偿债能力的事件及时出具风险提示。投资者应持续关注、评估所投资企业债券的信用风险，理性投资和维权。

二、主管部门定期开展企业债券本息兑付风险排查工作

自治区、各地（州、市）发改委对区域内债券本息兑付工作负有直接监管责任。需严格按照《国务院办公厅关于推广随机抽查规范事中事后监管的通知》（国办发〔2015〕58号）文件精神，对企业债券存续期管理实行"双随机"抽查，并通过电子化手段，做到全程留痕，实现责任可追溯。要指派专人负责本区域内存续期债券风险排查：一是建立偿债资金账户管理抽查制度，定期开展辖区内企业债券偿债资金账户管理情况的全面排查，重点检查偿债资金账户资金到位情况、监管银行是否按监管协议要求履行监管义务。二是建立增信措施核查制度，定期开展辖区内企业债券的增信措施核查，对于资产抵质押担保的，要重点核查土地、房产等抵押物状态；对于其他公司提供担保的，要核查担保方经营情况、偿付能力是否发生变化。三是全面检查辖区内企业债券本年度本息兑付资金准备情况、偿债资金账户管理情况，形成区域风险排查报告。四是发行人出现重大经营困难等可能影响债券兑付事项及时掌握并向自治区发改委报告。五是要求发行人制定债券还本付息管理制度，提前落实偿债资金，按照国家发改委制定的信息披露准则，履行信息披露义务，配合债券中介机构和管理部门开展风险管理工作。

三、主管部门督促监管行加强募集资金账户管理

由于企业债募集资金投向与项目投资密切挂钩，加强项目收入归集和募集资金账户管理，是防范债券风险的有效途径。募投项目的收益，应足额、按期归集以备兑付，原则上每个计息年度不少于两次。对于项目收益债券，还应设置专项的项目收入归集专户。加强募集资金专项账户管理，督促发行人设立募集资金专项账户，并及时签订三方协议。监督发行人规范使用募集资金专项账户，不得在募集资金专项账户内存放非募集资金，也不允许出现募集资金使用时不从专户支付等情形，且所募集资金严格按照核准或约定用途使用。

四、相关主体应按照相关规定和募集说明书约定及时、真实、准确、完整地披露信息

企业债券发行人是存续期信息披露的第一责任人，应严格按照监管部门和交易场所的要求及时、真实、准确、完整地披露相关信息。包括但不限于财务情况、经营情况、重大事项、募集资金使用情况和募投项目进展情况。

主承销商、评级机构、会计师事务所等提供存续期中介服务的中介机构是存续期信息披露的相关责任人。应诚实守信、勤勉尽责，严格遵照执业规范和监管规则，对发行人的信息披露进行全面审慎核查，确保发行人披露的信息真实、准确、完整，并督促发行人严格按照监管部门和交易场所的要求及时向投资者做出披露。评级机构在债券存续期内对发行人下调评级或评级展望调整为负面的，应及时向自治区发改委和州、市发改委报告。

五、强化约束中介机构尽责履职，切实发挥防控风险职能

主承销商和信用评级机构在债券发行过程中承担重要责任，主承销商在债券存续期内的定期回访、对募投项目的进展及偿付能力的持续跟踪调查，评级

机构的客观、公正等独立性都是企业债券存续期内的潜在风险点，需强化有关机构尽职工作问责。

一要建立企业债券承销机构尽职工作管理系统，强化对主承销商持续服务的有效监管。要求主承销商建立承销债券完备的档案系统，在债券存续期间勤勉尽责。督导发行人及时披露可能影响偿债能力或还本付息的风险事项，并配合受托管理人开展风险管理工作，协助债券持有人维护法定或约定的权利。二要要求债券融资性担保机构建立符合审慎经营原则的担保评估制度、决策程序、事后追偿和处置制度、风险预警机制和突发事件应急机制，制定严格规范的业务操作规程，加强对提供担保债券的风险评估和管理，做好债券风险分解。三要资信评级机构需按照规定或约定对企业债券发行人及相关债项开展定期或不定期的跟踪评级并及时公布跟踪评级结果，配合发行人、受托管理人及相关机构履行信息披露义务，开展风险管理工作。

六、搭建债券存续期信用信息管理平台，注重信用风险的事前事中防范化解

促进企业债券市场平稳运行，避免系统性风险，其根本措施是建设良好的社会信用环境，依托平台建设加强事中、事后监管。加快推进自治区信用信息服务平台建设。建立包括发行人基础信息、债券信息、发行人及中介机构相关专项信息、监管备忘录、抽查情况及舆情监测信息在内的企业债券信用信息系统和信用档案，在"信用新疆"网站开设企业债券信用信息公示和查询专栏，公开发布债券参与各方信用档案的基本信息和正面、负面行为信息。制定失信黑名单相关制度文件和管理办法，明确在企业发债过程中出现的失信行为纳入黑名单的标准，并实施失信联合惩戒制度。依法对纳入黑名单的自然人、法人和其他组织予以严厉惩戒，规范企业债券相关主体行为，有效防控企业债券信用风险。

七、加强中介机构信用信息管理，定期开展中介机构信用评价工作

加强中介机构信用管理。参照国家发改委制定的《企业债券中介机构信用评价办法》，地方建立中介机构评价体系和中介机构信用管理档案，通过社会信用评价、主管部门评价、发行人评价、技术评价、市场机构评价、专家评价等多个维度，定期对中介机构履职尽责、审慎管理等业务行为进行评估，全面采集中介机构的基本信息和正面、负面行为信息，并录入信用档案，评价结果向社会公开发布。依托评价结果对中介机构实施守信激励和失信惩戒措施，督促其提升服务质量。对于未按照要求履行信息披露责任的发行人和中介机构，自治区发改委将上报国家发改委，视情况严重程度采取责令改正、监管谈话、记入信用档案、暂不受理与企业债发行核准有关的申请或市场通报等监管措施。

第六章　国内企业债券融资经验借鉴与启示

推动企业债券融资是拓宽融资渠道，支持重点项目建设，优化资源配置的有效途径；是深化金融改革，分散金融风险，提高直接融资比重的重要手段；是新常态下新疆实现经济转型发展，固定资产投资增长，提高经济发展质量和效益的重要保障。据 Wind 数据显示，2017 年企业债发行最多的是江苏省625.7 亿元，然后是湖北省 475.8 亿元、湖南省 398.7 亿元、安徽省 319 亿元、贵州省 285.9 亿元。而新疆当年企业债发行额为 62.6 亿元，仅相当于江苏省的 10%。总体上看，新疆债券融资规模依然偏小，同其他尤其是经济发达的省区相比差距较大，学习借鉴企业债券融资工作推进较好省份的先进经验，可以为新疆企业债券发展提供借鉴。

第一节　国内省市推进企业债券融资工作的经验借鉴

对企业债券发行规模较大的省份融资推进工作进展进行梳理，我们发现，通过领导高位推动、部门分工协调、完善配套制度、创新工作机制，以优化提升企业债券主管部门服务能力，是扩大企业债券融资规模的主要途径。培育壮大发债主体、强化债券融资专题培训、加快完善信用体系、出台募集和偿债资金管理办法、建立融资联席会议机制是企业债券融资工作推进较好省市的普遍做法。

一、江苏省模式——"融资政策全区域宣传、创新品种全领域推广、申报核准全流程服务、风险防范全过程跟踪"

自 2009 年江苏省成功发行第一只企业债券起，截至 2016 年底江苏省企业债券发行量连续 8 年位居全国第一。累计发行企业债券 317 期，发行规模合计 3763.46 亿元，基本实现所有设区市、县、区、国家级开发区和高新区的全覆盖。2016 年，江苏省发行企业债券 71 期，发行规模 863.9 亿元，较 2015 年翻一番，居全国首位，高出排名第二的湖南省 172.5 亿元，是新疆当年发行规模的 10.9 倍。经过近 10 年的发展，江苏省企业债券发行利率基本保持低位运行，且尚未出现一例违约事件。总结企业债券融资推进的工作经验，即"融资政策全区域宣传、创新品种全领域推广、申报核准全流程服务、风险防范全过程跟踪"。

1. 注重企业债券融资宣传和政策巡讲

江苏省发改委将加强企业债券融资宣传作为首要工作，把国家对企业债券政策要求与全省经济总量和市场需求等实际情况结合，加强调查研究，利用"中国江苏"在线访谈召开苏南、苏中、苏北三个座谈会，通过集中培训、片区宣讲、基层走访等形式在苏南、苏中、苏北多次召开企业债券宣讲辅导专题会议，大力推动符合条件的企业通过发行企业债券进行市场化融资。企业债券融资已基本实现对全省所有设区市、县（市、区）、国家级开发区和高新区的全覆盖，一大批基础设施类建设和产业类项目获得了企业债券资金的重点支持。

2. 主动加强债券品种创新

江苏省积极围绕国家发改委推出的创新品种，主动对接企业差别化需求，陆续推出中小企业集合债券、小微企业增信集合债券、创投企业债券、专项债券、项目收益债券、债贷组合债券等创新品种，并在全省范围内推广，使苏南、苏中、苏北等各区域企业债券发行量渐趋平衡。

3. 强化企业债券申报发行全流程服务

主管部门在企业债券发行初期，注重发债后备企业培育和募投项目储备。广泛深入平台公司调研，按照国家企业债券发行规定，结合被调研企业基本实际，指导企业开展注入有效资产、增强盈利能力等工作，有效降低资产负债率，在企业做大做强的基础上，稳步推进符合国家发债要求的平台公司申请发行企业债券。同时，注重项目支撑，在区县安排项目时统筹考虑资金需求和来源，积极安排企业债券与项目对接，充分地发挥企业债券对实体经济的拉动作用。

4. 实施企业债券存续期风险防范全过程跟踪

建立企业债券综合信用承诺制度，严把企业债券上报材料质量关。市、县（市）级发改部门建立企业债券综合信用承诺制度，保证经其审核报送的发债申请材料严格符合各项政策要求，文件材料准确完整，承诺审核工作中出现违约失信问题接受相应处罚。同时，各级发改部门明确每期转报企业债券的审核工作责任人，并与分管领导沟通签署企业债券信用承诺书，加盖公章随申报材料一并报送至省级发改委备案。

企业债券存续期间，通过建立完善的制度机制，加强企业债券信用风险的事前、事中、事后全过程监管。省级发改委联合市、县发改委探索建立定期风险排查和实时风险预警相结合的全面风险防控体系。建立企业债券募集资金使用、偿债保障措施落实以及到期还本付息工作的实时监控和风险排查制度，发现重大事项，及时向省级发改委报备。同时，建立举报受理机制，允许社会各界通过电话、网络、信访等方式对企业债券发行交易过程中的违规问题进行举报，加强社会监督。

二、湖南省模式——注重制度机制建设，严格企业债券存续期监管

湖南省企业债券发行规模多年位居全国第二，在2015～2016年企业债券发行中，多次在国家层面被认可为"地方创新"案例。如2015年长沙市轨道交通集团有限公司的公司债券，融资规模80亿元，为全国单只发行规模较大的企业债之一；2015年湘江产业投资有限责任公司的公司债券，是全国最早设立的、支持创投的企业债之一；2016年平江县东部供水枢纽工程建设项目收益债券，为国家级贫困县发行创新类品种的企业债券做出了示范。

1. 信用体系建设和企业债券融资工作"双结合"

2016年12月，湖南省发改委、人民银行长沙中心支行、湖南银监局、湖南证监局联合印发了《湖南省企业债券募集和偿债资金监督管理办法》（湘发改财金〔2016〕849号），在企业债券领域加强信用体系建设，是我国首个明确在企业债券领域开展信用体系建设的省级文件。办法明确指出全省新上报的企业债券申报材料中，须提供募集资金监管银行、偿债资金监管银行和债权代理人的信用承诺书，并加盖单位公章，主要负责人签字认可。通过建立健全相关主体的信用评价机制、依法依规开展失信失职行为监管惩戒，加强企业债券存续期监督管理。

2. 建立投融资体制改革工作联席会议制度

湖南省政府建立推进投融资体制改革工作联席会议制度，省直有关部门按照职责分工，制定有关改革措施和重点工作的具体方案并落实。各市县政府制定本地贯彻落实的具体工作方案，细化工作措施，明确任务分工和时间节点。及时修订完善与投融资相关的地方性法规、政府规章和规范性文件，加快推进政府投资管理、企业投资项目核准和备案管理、社会信用、股权投资等方面的立法工作，依法保护各方权益，维护竞争公平有序、要素合理流动的投融资市场环境。

3. 各级发改委分工明确，主动落实企业债券监管责任

省发改委委托市、州发改委，对区域内债券募集和偿债资金管理情况、募投项目建设情况进行不定期检查。同时，组织开展随机抽查或各市州之间开展交叉检查，对检查中核实的监管失职和失信行为，以法人单位为统计对象，会同相关行业主管部门依规开展联合惩戒。建立信用评价机制，定期对中介机构进行评估、评价，依据评价结果，对中介机构予以监督管理。

市、州发改委需定期将发行人报送的募集资金专户账号和资金到账情况说明、募投项目建设进度情况、主承销商出具的债券资金使用情况分析报告，以及监管银行出具的募集资金专户交易流水账单等材料网报省级发改委。同时，各市、州发改委负责定期进行募投项目建设进度的监督检查，核实募投项目建设进度与资金使用进度的一致性，严格监管企业债券募集和偿债资金的使用和管理。

三、湖北省模式——创新工作制度机制，促进年度发债目标落实

湖北省发改委认真贯彻国家和省内推进企业债券融资的政策措施，通过领

导高位推动，各部门协调统筹，及时梳理和解决企业债券融资过程中的瓶颈制约；通过组织企业债券融资政策宣讲、实务培训、经验交流研讨、机构企业对接会、产品推介会等方式，帮助企业转变融资观念，提高企业对债券融资工具的认识和操作水平；通过建立企业债券融资奖励制度，激发企业债券各参与主体的积极性；通过加强募投项目储备、整合资产培育壮大发债主体，增强企业发债能力；通过建立监督检查机制、开展专项核查等多种措施，防范企业债券存续期信用风险，扎实推进企业债券融资工作。2016年，全省共发行41期，总规模408.1亿元，在全国排名第三，占国家企业债券融资总规模的6.9%。

1. 领导高度重视，各部门协调配合统筹推进

湖北省由省级领导分管企业债券融资工作，协调解决发债各环节中的问题，在人员配置、优质资产注入等方面大力支持，为债券发行提供了坚实的组织保障。省发改委将掌握的国家发改委最新的政策文件及相关材料及时向各方传达，各中介机构将掌握的国家、其他省份的政策变化或新信息向发改部门及发行人及时通报，信息共享，协同推进企业债券融资工作。市、州、县发改委（局）在推进发债工作中主动会同有关部门梳理企业债券申报、发行、融资、偿债过程中的问题和症结，积极提请分管领导帮助协调。

2. 注重政策宣讲培训

由湖北省发展改革系统每年按照企业债券融资辅导推进月活动安排，以会议培训、专题辅导等形式，举办4次宣讲会，特邀分管领导、券商等中介机构、专家人员在全省范围内，积极宣传企业债券各项政策及融资比较优势，指导有意向的企业通过企业债券市场进行融资。

3. 建立债券融资工作联席会议制度

建立由省政府金融办牵头、省发改委、人民银行武汉分行、湖北证监局、省财政厅、省国资委、省经信委、省科技厅、省地税局等部门参加的债券融资工作联席会议制度，加强对全省融资工作的领导，对相关政策、措施和行动方案审定，沟通协调债券融资工作的重大问题，综合研判全省债券融资工作形势和动态。

4. 创新企业债券融资工作推进机制，促进年度发债目标落实

通过建立目标指导机制、分片督导机制、月度通报制度、奖励激励机制"四个机制"，有力推动企业债券年度目标的落实。同时，组织发改部门、中介机构、专家组联合会诊债券推进中存在的担保、募投项目选择等问题。

5. 出台企业债券融资奖励办法，激发发债各方积极性

自2011年起，湖北省人民政府相继出台了《湖北省人民政府关于进一步加强债券融资工作的意见（试行）》（鄂政发〔2011〕10号）文件，决定对债权融资实行奖励扶持政策；2012年，《湖北省人民政府办公厅关于转发省政府金融办、省发改委、省财政厅〈湖北省债券融资奖励办法〉的通知》（鄂政办函〔2012〕99号）明确了债权融资奖励事宜。2017年7月，省发展改革委、省金融办、省财政厅联合印发《湖北省企业债券融资奖励办法》（鄂发改规〔2017〕4号），明确由省财政每年出资2000万元设立专项奖励资金，对企业债发行人，在省内企业债券融资工作活跃、业绩排名靠前、贡献突出的券商、担保、评级等中介机构予以奖励，有效调动了企业债券参与主体各方的积极性。

6. 创新方式多途径加强企业债券风险防控

通过分片督导、现场抽查、加强信息化建设、建立日常监管机制等多种措施，加强企业债券风险防控。建立健全债券风险监测预警机制，进一步加强债券存续期管理。

四、贵州省模式——运用大数据平台加强企业债券各主体信用信息管理，提升监管效率

贵州省在国家建立企业债券信用档案信息系统的基础上，开发建立本地企业债券信用档案信息系统并上线运行，积极运用大数据创新企业债券监管方式，对已发债企业的信息披露、募集资金投向、项目实施进度、本息偿付、偿债时限预警、偿债资金落实情况、企业信用监管、连续发债偿还期压力测试等方面实施监管，实现全覆盖、全流程的长效、动态监控和预警，提升监管效率。2016年，贵州省全年共发行企业债券30期，发行总规模392.9亿元，居全国第四位。

1. 强化环节和过程管理，主动提升主管部门服务质量和监管能力

省发改委通过提前部署、定期摸底、及时督促、制定应急预案和及时协调处置等方式，加强企业债券存续期监管。一是主动与企业债券发行人所在地政府沟通，对企业偿债能力、生产经营情况进行动态监测，防控债券信用风险。二是定期与不定期对募集资金使用和募投项目监督检查，强化债券募集资金用途和募投项目建设的监管。三是省内各级发改部门对存续期的企业债券实行专人专岗管理，并将企业债券相关工作纳入重大项目稽查范围，定期检查，注重事前化解潜在兑付风险。四是定期对偿债资金专户进行监督检查，及时督促债券发行人将应付债券本息及时划转归集至偿债资金专户，确保本息正常兑付。

2. 加强中介机构信用信息管理，提高中介机构服务质量

建立和完善企业债券市场主体信用信息档案，将发行人、主承销商、监管银行和其他中介机构等企业债券市场参与主体的正面、负面行为信息完整录入，并作为企业债发行工作的主要依据，实施监管。对认真履职和有诚信记录的企业债券参与主体，提供"绿色通道"服务；对不认真履职和有不诚信记录的，限制、从严审核或拒绝接受其提供的债券材料。

3. 建立企业债券本息兑付预警机制，防范债券本息兑付风险

市、州发改委作为当地企业债券的主管部门，对辖内发债企业生产经营状况，可能影响债券本息兑付事项等情况实施动态监管。通过建立企业债券本息兑付预警联动机制，制定相关应急处置预案，强化企业债券存续期监管，保障辖内企业能够及时足额地偿付债券本息。

4. 建立企业债券融资知识培训"一把手"负责制，增强政府和发行主体利用企业债券融资的意识

建立企业债券融资知识培训"一把手"负责制，由省发改委组织专家、研究机构、券商等中介机构对市（州）县分管财金工作的主要领导及省、市（州）、县三级融资平台公司、大中型生产经营企业、相关部门开展企业债券融资专题培训、政策解读、案例解析等培训宣讲，提高政府领导、企业主体对企业债券融资方式的融资知识和能力。

五、山东省模式——积极培育壮大发债主体，提升企业债券融资能力

山东省通过建立债券融资后备资源库，摸清全省发债企业底数；结合规模企业规范化公司制改制工作，大力培育发债主体；推动各级政府设立的各类引导基金优先投资于拟上市挂牌和发债企业,提高企业发债动力;设立一批具有政府背景并具备相当实力的融资性担保机构,提供增信服务支持;推动债券市场信用体系建设,加强债券风险防范与处置。2016年,山东省共发行企业债券35期,总规模363.3亿元,占全国当年发债规模的6.13%,企业债券发行规模和期数排全国第六位。

1. 出台促进企业债券发展的实施意见,强化组织推动作用

山东省政府为充分发挥债券融资功能,制定出台了《山东省人民政府办公厅关于充分发挥债券融资功能促进经济平稳较快发展的意见》(鲁政办发〔2015〕44号),强化对债券融资的组织推动工作,明确建立债券融资工作部门间协调机制,研究推进全省债券融资工作的相关政策、措施和行动方案。鼓励多措并举培育壮大发债主体,使满足企业债券发行要求的发债主体持续增多,有力地保障了重点领域建设资金需求,切实降低了企业财务成本。

2. 建立融资协调机制,明确部门分工职责

组成由省发展改革委、省金融办、人民银行济南分行、证监局、省财政局、省经济和信息化委、省财政厅、省住房城乡建设厅、省国资委、省地税局、省国税局等多部门债券融资协调机制,研究推进全省债券融资工作的相关政策、措施和行动方案,共同推进全省债券融资工作。在企业债券的发行和监管方面,明确各市、县(市、区)政府负责行政区域内企业债券融资的引导培育、统筹规划、组织协调工作,对本地区债券风险防范处置负主体责任。发展改革部门负责企业债券融资工作的宣传、指导、推介,企业债券发行材料的预审、转报,企业债券信用建设工作。财政部门负责融资平台公司市场化转型,融资平台公司、PPP项目债券融资的组织推动工作。住房城乡建设部门负责城市基础设施建设领域债券融资的组织推动工作。

3. 积极培育壮大发债主体，深挖债券融资潜力

由金融办牵头对本地区、本行业内行业龙头骨干企业、创新创业型中小企业、重点建设项目等进行全面摸底，并遴选符合国家产业政策及发债条件的企业和项目，分类建立债券融资后备资源库，定期进行跟踪调度，及时解决债券组织申报过程中遇到的问题。积极推动拟发债企业规范化改制，夯实企业发展基础，壮大资产实力，为企业发行债券融资创造条件。支持有条件的市、县通过对发债企业进行补贴、贴息、资金奖励、建立债券风险缓释基金等政策，提高企业偿债能力，降低企业发债成本。支持以政府出资为主、资本金10亿元以上、主业突出、经营规范、实力较强、信誉较好的政府性融资担保机构加快发展，为企业发行债券融资提供担保增信支持。

4. 加大债券融资宣传培训力度

通过债券产品推介会、专题培训、实地指导、媒体报道等多种形式，加大对债券政策法规的宣传和各类债券融资工具的推介力度，加深企业对各债券品种融资条件、程序、特点的认知程度，增强企业发债融资的积极性和主动性。加强对各级债券相关部门的业务培训，强化专业队伍建设，提高政府对债券融资工作的指导和服务能力。鼓励省内证券公司、商业银行、发债企业积极引进和培养债券专业人才。

5. 加强企业债券风险防范和处置

要求发债企业及其他信息披露义务人，要按照监管部门和债券交易场所要求，及时、真实、准确、完整地履行债券信息披露义务，公开债券存续期内发生可能影响其偿债能力或债券价格的重大事项，及时回应媒体、投资者及中介机构重点关注的问题，并提出切实可行的解决措施。通过提前部署、定期摸

底、及时督促等方式，加强对债券风险的防范处置。充分评估重点发债企业经营情况、募投项目建设情况和偿债压力，加强风险监测。建立债券市场突发事件快速反应机制，及时化解和处置各类违约风险。

6. 加强信用体系建设，运用市场化机制促进债券市场良性发展

要求各级政府和债券监管部门加强工作衔接，建立监管部门与市、县政府之间的信用信息共享机制，实现对发债企业的信用信息共享，强化发债主体的履约意识。建立债券市场突发事件快速反应机制，保障债券融资的可持续发展。加大债券市场守信激励和失信惩戒力度，将发债企业、中介机构及相关责任人的信用记录逐步纳入省级公共信用信息平台，督促发债企业、中介机构重视信用形象，树立信用意识，运用市场化机制促进债券市场的良性发展。

第二节 对新疆企业债券融资工作的启示

一、领导重视高位推动是确保企业债券融资工作顺利推进的关键

企业债券的发行涉及从中央到地方各诸多部门和机构，企业债券作为一种稀缺的融资资源，核准过程不仅是申请核准企业之间的博弈，深层次上更是国家对各省市地方利益的一种平衡。从支持地方经济角度出发，各相关省市领导对发行工作都非常重视，并取得了显著的效果。因此，高层领导重视高位推动，各部门积极配合，有效形成上下联动工作机制，是企业债券成功发行的关键。

二、完善的企业债券融资制度、机制设计是推进企业债券融资工作的重要保障

企业债券从申报发行到存续期监管涉及面广、参与部门多，完善的制度、机制设计是有效调动各部门分工协作合力推进企业债券融资工作，促进企业债券目标落实，支持实体经济发展的重要保障。企业债券融资工作推进较好的省份普遍都建立了完整的制度体系，如债券融资工作联席会议制度、"目标指导、分片区督导、月度通报、奖励激励"机制、企业债券融资工作奖励办法、企业债券募集资金和偿债资金管理使用办法等制度、机制，从组织到实施，全过程有章可循、操作规范，保障了企业债券的可持续健康发展。

一是通过建立债券融资工作联席会议制度，加强债券融资工作组织领导。定期召开专题会议，明确联席会议各成员单位责任分工；研究推进企业债券融资工作的相关政策、措施，协调解决企业债券融资推进工作的重大问题，及时发现和依法处置企业债券发行风险，共同推进债券融资工作开展。二是通过建立"目标指导、分片区督导、月度通报、奖励激励"机制，有效促进了发债目标的落实。三是制定企业债券融资奖励办法，明确奖励主体和奖励额度，引导扶持激励企业、中介机构及有关各方积极主动开展企业债券融资工作，降低企业债券融资成本。四是制定企业债券募集资金和偿债资金管理办法，严格募集和偿债资金账户监管，募集资金的使用和偿债资金的落实。五是通过分片督导、现场抽查、加强信息化建设、建立日常监管机制等多种措施，建立健全债券风险监测预警机制和信用监管制度，保障债券本息及时兑付。

三、全方位、多形式的政策宣传推广和培训是帮助企业转变融资观念、扩大债券融资规模的有效途径

企业债券作为国家大力推动的直接融资工具，在融资规模、融资期限、资

金使用、融资成本等方面较其他融资工具优势明显。经过多年发展，企业债券市场环境发生显著变化、政策文件不断制定出台、创新产品层出不穷，及时、全面地组织专业人士对企业债券发行和存续期监管的最新政策变化进行解读、宣讲，对创新品种宣传、推介，对发行案例深入剖析，对发行主体专题培训是促进企业转变融资观念，准确把握当前发债形势，熟悉发行企业债券融资相关政策，提高企业融资能力和水平的重要途径。企业债券融资工作推行较好的省份，无一例外地都将企业债券培训和宣传作为首要工作进行部署落实，紧抓政策窗口期和发债机遇期，宣传推广企业债券融资工具，扩大企业债券融资规模，切实有效地促进当地经济发展。

四、培育壮大发债主体、加强募投项目储备是提升企业债券发行主体融资能力的核心

发债主体的资产实力和经营状况是否满足企业债券发行条件，募投项目的选择是否符合相关文件要求，是企业债券成功发行的决定性因素。鉴于国家发改委窗口指导意见要求"债券存续期内，募投项目产生的收入（自身经营收益＋项目专项补贴收入）总额要能覆盖项目总投资额"，资产整合、项目打包、经营性项目和非经营性项目的合理配比是企业债券发行省份的重要关切。各省份均建立了债券融资重点企业和重点项目储备库。组织人员对辖内企业全面摸底，参照现行企业债券发行主体条件，分类筛选基本符合债券融资条件的重点及后备企业，通过盘活存量、做足增量加强资产整合，提升发债主体的发债能力。建立债券融资重点企业储备库，并对入库企业进行动态管理、持续更新、重点辅导和支持。同时，积极主动围绕国家重大发展战略、供给侧结构性改革部署的重点工作，策划、申报、发行一批规模大、带动作用强、示范效应明显的发债募投项目，并积极与国家发改委沟通衔接，辅导企业成功发债。

五、完善的信用体系和信用平台建设是推进企业债券融资工作的重点

健全的信用制度和完善的信用体系是有效约束发债各方行为、优化企业债券发展环境的重要举措。加快完善征信体系，积极开展债券发行后备企业信用信息整合工作，归集发债企业信用信息至公共信用信息基础数据库，形成信用档案，共同推动债券发行企业信用信息资源交换共享。同时，加快建立和完善以债券发行企业信息披露为中心的债券发行风险跟踪评级体系，及时督促债券发行主体披露信息，建立完善的风险评估、报告、预警和处置体系，营造良好的债券发行市场环境。通过健全的信用制度建设、完善的信用体系架构、完备的信用信息档案、全面的信用行为信息能够帮助发债各方做出专业的判断，同时也有利于各主体约束自身行为，维护自身信誉，形成良性的发展局面。

六、中介机构的资信水平、业务能力和人才队伍建设是推进企业债券融资工作的基础

企业债券发行涉及的中介机构主要包括承销、评级、会计、法律、资产评估等，邀请有实力的中介机构和熟悉法律、金融和资本运作的专业知识过硬、业务能力较强的团队参与债券发行，能够最大限度地降低发行成本和保障债券存续期内稳健运行。特别是与有声望、综合实力强的券商进行合作，能够依托其丰富的发行运作企业债券的经验和丰富的人脉资源及信息渠道，从更专业的角度对整个发行工作的流程进行合理的设计并跟进，同时能选择较有利的市场环境进行发行上市，减少资金成本。

第七章　加快新疆企业债券融资发展和创新的政策措施建议

第一节　新疆企业债券发展的方向和趋势

一、当前新疆经济社会发展投资、融资形势分析

（一）当前新疆固定资产投资、融资现状分析

1. 固定资产投资情况

2017年，新疆生产总值达1.09万亿元左右，增长7.6%；一般公共预算收入1465.5亿元，增长12.8%；完成固定资产投资1.18万亿元，增长20%。全年落实中央预算内投资突破300亿元，达到307亿元，创历史新高。投融资体制改革积极推进，鼓励和引导社会资本参与项目建设，收费公路"一路一

价"、资源换投资、产业捆绑、项目"肥瘦"搭配等政策措施相继实施,签约PPP项目39个,总投资306.9亿元等。

重点项目充分发挥了新疆固定资产投资和经济发展的支撑引领作用。其中:交通项目取得新进展。南疆铁路至兰新铁路联络线项目已开通运营;乌鲁木齐轨道交通1、2线正加快建设,3、4线等项目开工建设。若羌机场、图木舒克机场建成、莎车机场投产运营等。水利项目建设也成效显著。卡拉贝利水利枢纽工程等5个重大水利项目全面建成;13个重点水利项目实现开工建设。能源项目有序推进。巴楚—莎车—和田750千伏输变电工程、哈密5万千瓦太阳能热发电项目等3条已开工建设,新天伊宁20亿立方米/年煤制天然气项目实现竣工,"电气化新疆"建设稳步推进等。

2. 固定资产融资情况

从融资的视角来看,新疆固定资产投资项目的资金来源主要是依靠银行贷款的方式筹措,其他融资方式运用较少,市场主体的融资能力较弱,特别是财政部财预〔2017〕50号文《关于进一步规范地方政府举债融资行为的通知》及87号文件《关于坚决制止地方以政府购买服务名义违法违规融资的通知》颁布以来,各金融机构不同程度地采取措施,对于新建项目,新疆银行业金融机构普遍暂停或延缓了部分贷款拨付或审批;对于存量项目,新疆银行业金融机构严格按照政策要求重新审核发放政府购买服务项目贷款,存量政府购买服务项目中80%需要整改。但目前未对存量项目还款安排、后续资金供给作出规定。

从上述分析可知,新疆固定资产投资项目的融资难度不断加大,无论是从存量项目的资金供给还是新增项目的资金支持方面,传统的银行贷款为主的模式难以为继,特别是新疆当前处于固定资产投资的快速增长时期,资金缺口问题日益凸显,除传统银行贷款的方式以外,亟须补充其他融资方式为新疆固定资产投资项目提供融资通道和保障。

(二) 新疆固定资产投资、融资面临的主要问题

1. 投资增长压力依然较大

从 2017 年固定资产投资完成情况来看，尽管投资增速达 20%，位居全国前列，但是仍然存在一些问题：一是部分项目建设进度缓慢未能形成有效投资。部分项目由于前期手续工作不到位、质量不高，部分项目由于征地拆迁难度较大，造成项目进展缓慢甚至停工。交通、水利、小城镇等重点行业设计、监理、施工、PPP 融资模式等专业技术力量普遍缺乏，电工、水暖工等基础工人缺乏，无法满足项目的建设需求，影响项目的推进。二是建设资金落实存在较多困难。大部分建设资金主要依靠银行贷款，其他融资方式用得比较少；部分市场主体融资能力弱，无法获得预期的融资额度。受市场环境、财政货币政策特别是财政部财预〔2017〕50 号文及 87 号文等因素影响，各金融机构不同程度地采取措施，暂停或延缓了部分贷款拨付或审批，部分潜在社会资本方暂停 PPP 合作谈判，个别已参与项目建设的潜在社会资本方放缓施工进度，个别项目处于停顿状态。

2. 金融领域潜在风险不容忽视

当前，重点领域风险隐患依然存在，特别是金融潜在风险值得关注。一是流动性风险加大。受稳健中性货币政策和宏观审慎管理等政策影响，货币市场流动性适度偏紧，银行负债端压力增加，加上存款月度波动大，贷款呈现长期化趋势，部分金融机构流动性压力明显增加。截至 2017 年 7 月末，13 家法人银行超 100%，1 家村镇银行超过 200%。二是不良贷款持续"双升"。2017 年 6 月末，全区不良贷款余额 278.8 亿元，不良贷款率 1.67%，较年初上升 0.2

个百分点。关注类贷款余额是不良贷款的 3.4 倍。虽然不良贷款率总体水平较低，风险处于可控范围，但部分金融机构不良贷款反弹压力较大，个别农村信用社由于不良贷款率快速攀升，已将工作重心转为清收不良贷款。此外，内地关联企业输入性风险有所显现，产能过剩行业潜在风险依然较大。三是政府购买服务贷款项目还款和后续资金安排亟待明确。财政部财预〔2017〕87 号文件出台后，新疆银行业金融机构严格按照政策要求审核发放政府购买服务项目贷款，存量政府购买服务项目中 80% 需要整改。但目前未对存量项目还款安排、后续资金供给作出规定，导致金融机构还款来源不确定，银行债务存在悬空风险。

二、企业债券融资在新疆当前投融资形势下的重要角色

2017 年以来，监管层对地方债务监管继续加码。财政部于 2017 年 5 月 5 日和 5 月 28 日分别出台了《关于进一步规范地方政府举债融资行为的通知》（财预〔2017〕50 号）和《关于坚决制止地方以政府购买服务名义违法违规融资的通知》（财预〔2017〕87 号），以负面清单的方式从地方融资平台、PPP 和产业基金、政府购买服务、融资担保等方面对当前地方政府举债融资出现的种种乱象进行了全方位的覆盖，对这些违法违规融资乱象进行封堵，以化解地方政府或有负债风险。

近年来，面对不断膨胀的地方债务规模以及由此带来的地方财政压力，监管层不断加强对地方债务的管理。《国务院关于加强地方政府性债务管理的意见》（国发〔2014〕43 号）的出台是一个重要的标志，该文围绕建立规范的地方政府举债融资机制，明确举债主体、规范举债方式、严格举债程序等措施，建立了我国地方政府债务管理的新框架，旨在解决地方政府债务"借、管、还"的问题。

直接债券融资工具是我国资本市场的重要组成部分，债券融资在当前新疆

固定资产投资项目银行贷款难度加大、融资通道狭窄的环境下，作为新疆固定资产投资项目融资的融资通道应当发挥更为重要的作用，具体来讲，我国债券融资分为三个主要的种类，分别是银行间交易商协会的融资品种、证监会管辖的交易所公司债券品种以及国家发展和改革委员会管辖的企业债券品种。银行间交易商协会的融资品种较为传统，主要针对国内大中型企业进行中、短期债务融资工具的融资，对发行债务融资工具的企业信用资质要求较高；证监会管辖的交易所公司债券经过2015年、2016年的爆发式发展，目前已具备较大的体量，为控制债务风险，公司债券审核标准日益严格，发行主体主要针对上市公司及大中型产业型公司；企业债券是由国家发展和改革委管辖的债券品种，其支持符合条件的固定资产投资项目融资特点明显。近年来，为支持符合国家产业政策导向的固定资产投资项目建设，国家发展和改革委员会先后推出了九大类专项债券，政策创新速度较快。综合比较几类债券融资品种的特点，笔者认为，企业债券应当成为新疆固定资产投资项目融资的重要渠道，发行数量和发行规模都具备较大的提升空间。

三、新疆企业债券发展的趋势和方向

随着我国企业债券监管体制的变迁并分析企业债券发展的变化态势，结合新疆经济社会发展的实际情况，笔者认为，新疆企业债券的发展和趋势主要集中在以下四方面：

（一）依靠财政资金或政府购买服务形式作为还款来源的公益性项目作为企业债券募投项目的情况退出历史舞台

随着《国务院关于加强地方政府性债务管理的意见》（国发〔2014〕43号）、《关于进一步规范地方政府举债融资行为的通知》（财预〔2017〕50号）和《关于坚决制止地方以政府购买服务名义违法违规融资的通知》（财预

〔2017〕87号）的陆续颁布实施，依靠财政资金或者政府购买服务形式作为还款来源的公益性项目将不再允许通过企业债券的方式融资，需要以债券方式筹措资金的，将以地方政府债券、地方政府专项债券的形式解决。新疆固定资产投资项目中涉及的公益性项目（如市政道路建设、医院、学校建设、市政绿化建设等）将不再通过企业债券的方式融资。

（二）符合当前政策支持的传统企业债券仍旧占据主导地位

扶贫攻坚工作是当前我国和新疆的首要工作，与扶贫攻坚工作密切相关的棚户区改造项目、安居房建设项目等具备一定经营收益的项目在未来一定时期内仍然具备较大的需求，以此类项目作为募投项目的企业债券仍旧是国家产业政策重点支持的领域，为推动新疆扶贫攻坚工作提供长期、低廉的资金支持，应当讲，此类传统企业债券在未来一段时间内在新疆企业债券领域仍将占据主导地位。

（三）符合国家产业政策并结合新疆产业优势的经营性项目在企业债券募投项目中占比逐渐加大

随着国家发展和改革委员会推出九类专项债券品种和项目收益债券品种，新疆符合产业政策层面并有益于推动地方经济发展的募投项目将成为企业债券融资的重点支持对象，例如疆内大中型城市的城市停车场发行专项债券、具备独特地域风貌的旅游景点建设项目发行专项债券、特色物产（如水果）或产业集群相结合的工业园区、物流园区专项债券、远近闻名的"长寿之乡"建设养老项目的养老专项债券等，上述项目均具备的共同特点是项目本身并非公益项目，能产生一定的经营收益，债券发行后的还本付息主要依靠项目本身产生的经营收益支撑。

(四)新疆企业债券采用第三方信用担保的情况日益增多

由于当前企业债券均要求募投项目具备一定的经营收入,对未来经营收入的测算就成为企业债券发行规模、未来还本付息来源的重要指标。相较保障房、基础设施建设等区域内定价较为明确,项目建成后无销售压力的项目来讲,项目未来预期收入较为明确;但对于养老产业、工业园区、物流园区、旅游基础设施等项目,项目建成后的收入一方面取决于项目本身经营的收费标准,另一方面还取决于相应的人流量指标和企业集聚的过程。当前国家发展和改革委员会对未来收入不足以覆盖项目总投资、债券还本付息或者项目未来收入具备不确定性的企业债券项目均要求提供第三方信用担保为债券还本付息提供保障,可以预见,新疆企业债券特别是较为创新的项目收益债券和部分专项债券品种,在申报审核、发行阶段均会遇到需要提供第三方担保增信的情形。鉴于募投项目未来收入客观上存在着不确定性,为新疆企业债券申报审核的顺利通过和获得市场投资机构的认可,新疆企业债券采用第三方信用担保增信的情况会日益增多。

第二节 加快新疆企业债券融资发展的政策措施建议

回顾过去,新疆企业债券为新疆经济社会发展贡献了重要的力量,展望未来,企业债券融资应当在新疆经济社会发展中承担更为重要的推动作用,成为吸引外部资金投资新疆经济建设的重要窗口。笔者建议,新疆企业债券应强调扩大规模与风险管控并重、发展传统企业债券和创新企业债券并重,在原有的传统企业债券基础上继续做大规模，提升质量；大力发展企业债券创新品种，从品种选择、募投项目挖掘、增信措施保障方面全面推动。通过一段时间的努力，使新疆企业债券创新品种实现突破，在债券总量和融资规模方面成为新疆企业债券的重要组成部分。

为实现上述目标，笔者提出如下政策措施及建议：

一、从战略高度确立直接融资在新疆金融体系中的战略地位，确立新疆企业债券在新疆金融领域的重要地位

党的十九大报告提出：深化金融体制改革，增强金融服务实体经济能力，提高直接融资比重，促进多层次资本市场健康发展。

建议自治区相关金融主管部门明确直接融资，特别是企业债券融资在新疆金融体系中的战略地位，优先发展新疆企业债券融资工作。

建议相关金融主管部门以融资规模作为新疆债券融资的发展目标，在宏观上确定新疆债券融资的规模目标，推动各级政府和主管部门合力推动新疆企业债券的长足发展。

二、多部门联动，深入推动新疆企业债券发展政策落地

（一）建立全疆债券融资重点企业储备库

对疆内企业情况全面摸底，参照现行企业债券发行主体条件，分类筛选出一批基本符合债券融资条件的重点及后备企业，建立全疆债券融资重点企业储备库，由自治区发改委、人行乌鲁木齐中心支行等分别建立企业债类、银行间市场类和公司债类企业储备库，并对入库企业进行动态管理、持续更新、重点辅导和支持，实现资源共享。

(二) 鼓励企业债券发行涉及的中介机构积极参与新疆企业债券市场发展

企业债券发行涉及的中介机构主要包括承销、评级、会计、法律、资产评估等，邀请有实力的中介机构和熟悉法律、金融和资本运作的专业知识过硬、业务能力较强的团队参与债券发行，能够最大限度地降低发行成本和保障债券存续期内稳健运行。特别是与有声望、综合实力强的券商进行合作，依托其丰富的发行运作企业债券的经验和丰富的人脉资源及信息渠道，从更专业的角度对整个发行工作的流程进行合理的设计并跟进，同时能选择较有利的市场环境进行发行上市，减少资金成本。

建议设立新疆企业债券主承销商遴选标准，评选更加专业的主承销商。在主承销商遴选的过程中，设立参与标准（如净资本、债券市场承销金额、排名、有无受到债券类监管措施等），以便遴选出更加专业的承销商，严格控制承销费用。

(三) 树立新疆企业债券在资本市场良好的信誉

(1) 积极主动围绕国家及自治区重大发展战略、供给侧结构性改革部署的重点工作。筛选全疆债券融资重点推进项目，策划、申报、发行一批规模大、带动作用强、示范效应明显的发债募投项目，并积极与国家发改委沟通衔接，及时抓住企业债券政策的窗口期，争取辅导成功若干具有鲜明代表性和创新性的企业债券成功发行，在国家发改委等监管层面树立新疆企业债券的良好形象。

(2) 针对新疆获得核准的企业债券，积极主动向国内各机构投资者推荐。突出新疆的地域特点和项目特色，争取获得同期同级别债券市场内发行的较低利率，在我国债券市场上树立新疆企业债券的良好口碑。

三、充分挖掘、创新利用各种企业债券融资领域和空间

自新疆成功发行企业债券以来，新疆发行的传统企业债券品种在数量和规模上占据绝对多数。近年来，国家发展和改革委员会在企业债券领域推出了多种创新品种，包括但不限于专项债券、绿色债券、项目收益债券、小微企业增信集合债券、中小企业增信集合债券、创投债、可续期债券、债贷组合等品种。截至目前，新疆成功发行的企业债券创新品种仅涉及 6 只小微企业增信集合债券，无论是从企业债券创新的品种多样性角度还是从发行数量及规模角度，新疆企业债券发行的创新尚需大力推动。

（一）专项债券

自 2015 年 4 月至今，国家发展和改革委员会陆续推出了九类专项债券，分别为城市地下综合管廊建设专项债券、战略性新兴产业专项债券、养老产业专项债券、城市停车场建设专项债券、双创孵化专项债券、配电网建设改造专项债券、政府和社会资本合作项目（PPP）专项债券、农村产业融合发展专项债券、社会领域产业专项债券。上述专项债券的推出意图是加大债券融资方式对信息电网油气等重大网络工程、健康与养老服务、生态环保、清洁能源、粮食和水利、交通、油气及矿产资源保障工程七大类重大投资工程包，以及信息消费、绿色消费、住房消费、旅游休闲消费、教育文体消费和养老健康消费六大领域消费工程的支持力度，拉动重点领域投资和消费需求增长。近两年来，专项债券特别是城市停车场建设专项债券、城市地下综合管廊建设专项债券、养老产业专项债券发行数量和融资规模均持续扩大。而城市停车场、城市地下综合管廊、养老产业等也是"十三五"期间新疆基础设施重点建设任务和重点支持产业，新疆应大力推进此类专项债券品种的融资工作，积极拓宽融资融道。

（二）绿色债券

绿色债券是指债券募集资金主要用于支持节能减排技术改造、绿色城镇化、清洁能源高效利用、新能源开发利用、循环经济发展、水资源节约和非常规水资源利用、污染防治、生态农林业、节能环保产业、低碳产业、生态文明先行示范实验、低碳试点示范等绿色循环低碳发展项目的企业债券。

绿色债券在发行条件上给予了企业一定程度的放宽，例如允许发债企业通过公开或非公开的方式发行，资产负债率指标不受限制，债券募集资金占项目总投资的比例放宽至80%。

截至目前，新疆仅金风科技和乌鲁木齐银行发行了绿色债券。而新疆生态环境治理是区域发展中的重点工作，发掘符合绿色债券结构要求的绿色债券募投项目，推动新疆绿色债券的发行工作，对新疆生态环境治理和环保产业升级的融资具有较强的推动作用。

（三）项目收益债券

项目收益债券是由项目实施主体或其实际控制人发行的，募集资金用于特定项目投资与建设，债券本息偿还完全或主要来源于项目建成后运营收益的企业债券。

自2015年7月29日《项目收益债券管理暂行办法》颁布以来，项目收益债券作为企业债券改革的主要方向在我国逐步萌芽，项目收益债券作为企业债券改革的方向具有以下特征：首先，项目收益债券强调项目自身的盈利能力，要求项目建成后依靠项目营运收入作为债券还本付息的来源；其次，项目收益债券弱化了发行人主体评级的要求，仅对债项评级做具体要求，也就是说，只要项目自身盈利能力强，作为项目实施主体或其实际控制人并不要求其评级必须达到较高的级别；最后，项目收益债券应当设置差额补偿机制，作为对项目未来盈利能力的保障和对债券风险的缓释措施。

2016年以来，项目收益债券募投项目类型从单一的以保障房、棚户区改造项目为主逐步发展到囊括工业园区、异地扶贫搬迁、旅游景区建设、标准化厂房等多种多样的品种，具有盈利能力保障的多种募投项目不断涌现，是企业债券创新的主要品种。

截至目前，仅阿勒泰市聚金城建投资开发有限公司发行了非公开项目收益债券，债券采用第三方担保，由阿勒泰地区国有资产投资经营有限公司提供不可撤销连带责任保证担保。对于新疆来说，着力发掘打造具备盈利能力，并设计适合新疆经济特色的募投项目，是实现项目收益债券在新疆落地开花需要解决的首要任务。

（四）企业债券其他创新品种

除上述创新品种之外，企业债券还包括其他创新品种，例如中小企业增信集合债券、创投债、可续期企业债券、债贷组合、基金债、优质企业债等品种，新疆企业债在这些创新品种方面暂无斩获，一方面由于新疆金融创新的程度较沿海发达省份具有一定的差距，另一方面由于新疆企业债券发行人受所处的产业现状所制约。这些企业债券创新品种分别用于支持、扩大股权投资类企业的资本规模、可实现续期发行等不同创新功能，均具备一定的现实意义和针对性。特别是2018年以来国家创新政策大力支持的基金债、优质主体企业债等创新品种，得到了企业和投资者的高度认可。例如，优质主体企业债规模大，资金使用方式灵活，发行成功后，企业既能得到资金，满足项目建设需要，同时又对企业做了宣传，扩大了企业影响，对其他企业也具有很强的示范带动效应，有效地发挥了企业债券的直接融资功能，更好地服务了实体经济发展。因此，积极支持和鼓励信用优良、经营稳健、对产业结构转型升级或区域经济发展具有引领作用的优质企业发行优质主体企业债券，为自治区促投资、稳增长，落实"1+3+3+改革开放"工作部署提供了动力支持。

四、建立新疆企业债券融资制度和机制

企业债券从申报发行到存续期监管涉及面广、参与部门多，完善的制度、机制设计是有效调动各部门分工协作合力推进企业债券融资工作，促进企业债券目标落实，支持实体经济发展的重要保障。企业债券融资工作推进较好的省份普遍都建立有完整的制度体系，如债券融资工作联席会议制度、"目标指导、分片督导、月度通报、奖励激励"机制、企业债券融资工作奖励办法、企业债券募集资金和偿债资金管理使用办法等制度、机制，从组织到实施，全过程有章可循、操作规范，保障了企业债券的可持续健康发展。

一是通过建立债券融资工作联席会议制度，加强债券融资工作组织领导。定期召开专题会议，明确联席会议各成员单位责任分工；研究推进企业债券融资工作的相关政策、措施，协调解决企业债券融资推进工作的重大问题，及时发现和依法处置企业债券发行风险，共同推进债券融资工作开展。二是通过建立"目标指导、分片督导、月度通报、奖励激励"机制，有效地促进了发债目标的落实。三是制定企业债券融资奖励办法，明确奖励主体和奖励额度，引导扶持激励企业、中介机构及有关各方积极主动开展企业债券融资工作，降低企业债券融资成本。四是制定企业债券募集资金和偿债资金管理办法，严格募集和偿债资金账户监管，募集资金的使用和偿债资金的落实。五是通过分片督导、现场抽查、加强信息化建设、建立日常监管机制等多种措施，建立健全债券风险监测预警机制和信用监管制度，保障债券本息及时兑付。

五、建立新疆企业债券信用管理系统

企业债券信用管理系统是指通过采集发行主体、中介机构（主承销商、审计机构和监管银行等）、发行主体所在地方政府社会经济数据等信息，全面掌控企业债券的发行计划、申请核准、公告发行、存续兑付和后续跟踪等过程，集发行计划、申报审核、信息披露、本息兑付提示、偿债风险预警、信用记录和数据统计等多种功能为一体的综合信息管理平台。

当前，新疆企业债券在申报、审核、发行和存续期管理等各阶段都存在一系列的问题，如申报不规范、信息披露不及时等，导致自治区级发展改革部门无法及时有效地掌握全区企业债券的相关信息，无法及时地针对有问题的企业债券进行风险评估并采取相关措施。基于此背景，建议尽快建设新疆企业债券信用管理系统，实现企业债券管理的数字化、标准化和自动化，对自治区级发展改革部门加强区域内企业债券事中事后监管，防范企业债券违约风险，提高企业债券服务实体经济的效率和水平有着重要意义。

六、从企业债券发行主体角度，在新疆培育一批资质优良、评级水平在 AA 级以上的债券发行主体

发行主体是发行企业债券的主要角色，是承担募投项目建设的主要主体及承担还本付息责任的主体，发行主体财务指标及评级水平是企业债券发行的第一个门槛。新疆企业债券发行主体分布应实现如下结构：自治区一级城投公司应确保企业债券发行主体的经营状况良好，评级水平应当保持或提升至不低于 AA＋水平；首府乌鲁木齐市及各地州一级城投公司或企业债券发行主体，应确保其经营状况良好，可通过资产整合方式使评级水平不低于 AA 并争取达到 AA＋或以上；具备较强经济实力的城市（如乌鲁木齐市、库尔勒市、石河子市等），建议逐步打造其所属区级企业债券发债主体，确保其经营状况良好并通过产业和资产整合发展方式使其评级水平不低于 AA 级别；建议具备较强经济实力或具备独特产业结构的县整合打造其县级企业债券发债主体，确保其经营状况良好并通过产业和资产整合发展方式使其评级水平不低于 AA－级别。

七、深入挖掘和打造具有发展前景的募投项目

募投项目的选择是企业债券的重中之重，近几年占比较高的保障房、基础设施项目具备一定的政策红利，其一，笔者建议应当继续扩大传统募投项目的支持力度，充分利用未来一个时期内保障房建设和基础设施建设的政策红利，保证和扩大如棚户区改造、保障房、高速公路建设等基础设施建设类传统募投项目发行企业债券的数量和规模。其二，在专项债券鼓励的募投项目领域，笔者建议因地制宜，系统地梳理新疆各地与专项债券鼓励领域相匹配的募投项目，推动专项债券在新疆落地生根，并通过专项债券的发行为该类募投项目建设筹措资金。例如，在城市道路拥堵情况较为严重的乌鲁木齐市、库尔勒市、石河子市、哈密市等城市整合梳理城市停车场项目，将上述城市停车场统一规划部署，打包设计发掘城市停车场专项债券；又如，新疆若干地区是举世闻名的"长寿之乡"，其特殊的气候、水土造就了当地居民长寿的传统，借鉴沿海发达省份的成功经验，挖掘当地养老产业优势，设计当地养老产业建设的募投项目；再如，挖掘和当地特色经济相结合的募投项目，新疆是个物产丰富的地方，新疆各地均出产极具地方特色的产品，该类产品本身或其深加工产业均远销国内外，基于当地特色经济，设计与当地产业结合的募投项目，如水果物流冷链物流园等。其三，深入挖掘具备盈利能力的募投项目打造项目收益债券，具备自身盈利能力的项目是项目收益债券理想的募投项目，只要其运营后具备较强的盈利能力，均可发掘并打造成为项目收益债券的募投项目。

八、通过企业债券发行助力新疆脱贫攻坚工作

党的十九大报告提出：深入实施东西部扶贫协作，重点攻克深度贫困地区脱贫任务，确保到2020年我国现行标准下农村贫困人口实现脱贫，贫困县全部摘帽，解决区域性整体贫困，做到脱真贫、真脱贫。

新疆地处祖国西部边陲，是我国脱贫攻坚的主要战场，通过企业债券发行助力新疆脱贫攻坚事业，是新疆企业债券支持并服务国家政策的亮点。

企业债券通过募集棚户区改造、异地扶贫搬迁安置、保障房建设、农村产业融合发展等直接关系到贫困地区扶贫、脱贫相关的民生工程建设资金，推动贫困地区重大民生工程的建设进度，进而为地区脱贫攻坚提供有力的保障。

九、加强第三方增信

随着传统企业债券募投项目的新规要求、专项债券和项目收益债券的不断发展，企业债券增信措施的设计显得尤为重要，在企业债券第三方增信方面笔者建议：

（一）适时建立新疆维吾尔自治区级担保公司，其评级水平达到AA+或AAA，为自治区企业债券发行提供主要信用保证

一方面，为推动新疆培育更多的企业债券发行主体，为经济体量尚在发展过程中，评级未能达到AA级别的发行主体能尽早发行企业债券；另一方面，为具备良好募投项目预期收益的项目收益债券提供差额支付及外部增信，新疆应当具备为当地企业债券提供信用保证的担保公司。国内例如安徽省设立了安徽省信用担保集团有限公司，该公司作为主要的信用保证单位具有AAA的主体评级，其为安徽省内多家企业发行企业债券提供了强有力的信用保证，不仅实现了助力省内主体资质较弱的企业成功发行了企业债券，还有效地降低了该省企业发行企业债券的融资成本，是该省企业债券发行成功的有力保障。

（二）与国内大型商业担保公司建立紧密合作

为推动新疆企业债券快速发展，建议新疆企业债券主管机关和相关企业债券发行方与国内主体评级在AA+及以上的商业担保公司积极对接，主动争取

国内主体评级在 AA+ 及以上的商业担保公司为新疆需要增信的企业债券提供商业担保，推动新疆企业债券的成功发行，并有效地降低发行票面成本。

（三）探索、运用信用衍生工具

探索、运用信用保护工具、信用缓释工具等增进信用，减少投资者购买企业债券的顾虑，提高投资者的认购信心，从而降低发行成本，支持企业主体发行企业债券融资。

（四）搭建平台吸引市场相关方积极参与新疆企业债券发展事业

发行人在企业债券发行中是主导地位，企业债券发行的成功离不开市场相关方的积极参与和投入。企业债券发行涉及发行人、担保机构、主承销商、评级机构、律师事务所、会计师事务所、债券投资机构等多个主体，上述市场相关方的共同努力造就了新疆企业债券事业的不断发展。

新疆地域广阔，距离东部及各地、州之间地理相距遥远，市场相关方与新疆各地企业债券发行主体、监管机关的沟通较为薄弱，国内许多企业债券市场从业人士苦于无法与新疆具有企业债券发行需求的发行人建立有效的联系，建议企业债主管部门搭建合作平台，为新疆有企业债券融资需求的地方政府和发行人、国内经验丰富的主承销商及相关中介服务团队、国内主要担保增信公司提供系统对接的沟通平台，吸引国内优秀的企业债券从业人士为新疆企业债券出谋划策，待企业债券获得相关发行许可后，强化优质发行人或创新品种的宣传推介，以路演等形式提高新疆企业的知名度和认可度，形成示范和拉动效应。

附件 国家发展和改革委员会公开发布企业债券（专项债券）发行指引

目 录

附件1 农村产业融合发展专项债券发行指引

附件2 社会领域产业专项债券发行指引

附件3 绿色债券发行指引

附件4 配电网建设改造专项债券发行指引

附件5 双创孵化专项债券发行指引

附件6 城市停车场建设专项债券发行指引

附件7 养老产业专项债券发行指引

附件8 战略性新兴产业专项债券发行指引

附件9 城市地下综合管廊建设专项债券发行指引

附件10 政府和社会资本合作（PPP）项目专项债券发行指引

附件11 国家发展改革委关于支持优质企业直接融资进一步增强企业债券服务实体经济能力的通知（发改财金〔2018〕1806号）

附件1　农村产业融合发展专项债券发行指引

为贯彻落实《国务院办公厅关于推进农村一二三产业融合发展的指导意见》（国办发〔2015〕93号）精神，积极发挥企业债券融资对农村产业融合发展的作用，根据《公司法》《证券法》《企业债券管理条例》等法律法规和规范性文件，制定本指引。

一、适用范围和支持重点

农村产业融合发展专项债券，是指以建立更加完善的农业产业链条、培育更加丰富的农村新产业新业态、打造更加高效的产业组织方式、构建更加紧密的利益联结机制为导向，募集资金用于农村产业融合发展项目的企业债券，重点包括以下六类项目：

（一）产城融合型农村产业融合发展项目，主要包括推动农村产业融合发展与新型城镇化建设有机结合，培育农产品加工、休闲旅游等"农字号"特色小城镇，建设农村产业融合发展园区等。

（二）农业内部融合型农村产业融合发展项目，主要包括以农牧结合、农林结合、循环发展为导向，发展农林牧渔结合、绿色生态循环农业项目等。

（三）产业链延伸型农村产业融合发展项目，主要包括以农业向后延伸或者农产品加工业、农业生产生活服务业向农业延伸为重点，建设农业生产性服务设施、农产品加工和仓储物流、营销网点等。

（四）农业多功能拓展型农村产业融合发展项目，主要包括通过推进农业与旅游、教育、文化、健康、养老等产业深度融合，拓展农业新的功能，建设休闲农业、乡村旅游、农事教育体验、文化创意农业、农村生态康养和能源农业等新业态项目。

（五）新技术渗透型农村产业融合发展项目，主要包括以信息技术、物联网技术等新技术在农业中的应用为重点，发展"互联网+现代农业"，建设涉农电子商务、智慧农业等项目。

（六）多业态复合型农村产业融合发展项目，主要包括同时兼有上述几种类型或者融合其中两个以上类型的项目。

二、发行条件

（一）农业产业化龙头企业申请发行农村产业融合发展专项债券，需满足以下所列条件：

1. 企业资产规模不低于3亿元或者年度涉农业务收入不低于2亿元；

2. 拟投资农村产业融合发展项目总投资不低于1亿元。鼓励通过保底收购价＋二次分配、农民参股持股等方式与农民建立紧密利益联结机制的项目申请发行农村产业融合发展专项债券。

（二）以小微企业增信集合债券形式发行农村产业融合发展专项债券，募集资金用于农村产业融合小微企业发展的，可将《小微企业增信集合债券发行管理规定》中委托贷款集中度的要求放宽为"对单个委贷对象发放的委贷资金累计余额不得超过5000万元且不得超过小微债募集资金规模的10%"。

（三）优化农村产业融合发展专项债券品种方案设计，可根据资金回流的具体情况科学设计债券发行方案，支持合理灵活设置债券期限、选择权及还本付息方式。根据农业项目投资较大、回收期长的特点，支持发债企业发行10年期及以上的长期限企业债券或可续期债券。

附件2 社会领域产业专项债券发行指引

为贯彻落实《国务院办公厅关于进一步激发社会领域投资活力的意见》（国办发〔2017〕21号）精神，积极发挥企业债券融资对社会领域产业发展的作用，根据《公司法》《证券法》《企业债券管理条例》等法律法规和规范性文件，制定本指引。

一、适用范围和支持重点

社会领域产业专项债券，是指由市场化运营的公司法人主体发行（公立医疗卫生机构、公立学校等公益性质主体除外），募集资金主要用于社会领域产业经营性项目建设，或者其他经营性领域配套社会领域产业相关设施建设的企业债券。社会领域产业专项债券包括但不限于以下专项债券类型：

（一）健康产业专项债券，主要用于为群众提供医疗、健康管理等健康服务项目。

（二）养老产业专项债券，主要用于为老年人提供生活照料、康复护理等服务设施设备，以及开发康复辅助器具产品用品项目。

（三）教育培训产业专项债券，主要用于建设教育培训服务设施设备、提供教育培训服务、生产直接服务教育发展的教学教具产品的项目。

（四）文化产业专项债券，主要用于新闻出版发行、广播电视电影、文化艺术服务、文化创意和设计服务等文化产品生产项目，以及直接为文化产品生产服务的文化产业园区等项目。

（五）体育产业专项债券，主要用于体育产业基地、体育综合体、体育场馆、健身休闲、开发体育产品用品等项目，以及支持冰雪、足球、水上、航空、户外、体育公园等设施建设。

（六）旅游产业专项债券，主要用于旅游基础设施建设、旅游产品和服务开发等项目。支持企业发行专项债券，同时用于多个社会领域产业项目或社会领域产业融合项目。发债企业可使用债券资金收购、改造其他社会机构的相关设施，或扩大社会领域产业投资基金资本规模。

二、发行条件

（一）优化社会领域产业专项债券品种方案设计，可根据资金回流的具体情况科学设计债券发行方案，支持合理灵活设置债券期限、选择权及还本付息方式。鼓励企业发行可续期债券，用于剧场等文化消费设施、文化产业园区、体育馆、民营医院、教育培训机构等投资回收期较长的项目建设。

（二）社会领域产业专项债券以项目未来经营收入作为主要偿债资金来源。对项目收费标准由政府部门定价的，地方价格部门应及时制定和完善项目收费价格政策。

（三）鼓励发行人以第三方担保方式，或法律法规允许的出让、租赁建设用地抵质押担保方式为债券提供增信。对于项目建成后有稳定现金流来源的项目，如体育场、电影院等，允许以项目未来收益权为债券发行提供抵质押担保；项目建成后形成商标权、专利权等无形资产的，经中介机构评估后，可将无形资产为债券发行提供抵质押担保。

（四）鼓励采取"债贷组合"增信方式，由商业银行进行债券和贷款统筹管理。以小微企业增信集合债券形式发行社会领域产业专项债券，募集资金用于社会领域产业小微企业发展的，可将《小微企业增信集合债券发行管理规定》中委托贷款集中度的要求放宽为"对单个委贷对象发放的委贷资金累计余额不得超过5000万元且不得超过小微债募集资金规模的10%"。探索保险机构等机构投资者设立特殊目的实体，发行项目收益债券用于社会领域产业项目的建设和经营。

附件3 绿色债券发行指引

为贯彻落实党的十八大和十八届二中、三中、四中、五中全会精神，按照《中共中央国务院关于加快推进生态文明建设的意见》《中共中央国务院关于印发生态文明体制改革总体方案的通知》要求，积极发挥企业债券融资对促进绿色发展、推动节能减排、解决突出环境问题、应对气候变化、发展节能环保产业等支持作用，引导和鼓励社会投入，助力经济结构调整优化和发展方式加快转变，制定本指引。

一、适用范围和支持重点

绿色债券是指，募集资金主要用于支持节能减排技术改造、绿色城镇化、能源清洁高效利用、新能源开发利用、循环经济发展、水资源节约和非常规水资源开发利用、污染防治、生态农林业、节能环保产业、低碳产业、生态文明先行示范实验、低碳试点示范等绿色循环低碳发展项目的企业债券。现阶段支持重点为：

（一）节能减排技术改造项目。包括燃煤电厂超低排放和节能改造，以及余热暖民等余热余压利用、燃煤锅炉节能环保提升改造、电机系统能效提升、企业能效综合提升、绿色照明等。

（二）绿色城镇化项目。包括绿色建筑发展、建筑工业化、既有建筑节能改造、海绵城市建设、智慧城市建设、智能电网建设、新能源汽车充电设施建设等。

（三）能源清洁高效利用项目。包括煤炭、石油等能源的高效清洁化利用。

（四）新能源开发利用项目。包括水能、风能、核能、太阳能、生物质能、地热、浅层地温能、海洋能、空气能等开发利用。

（五）循环经济发展项目。包括产业园区循环化改造、废弃物资源化利用、农业循环经济、再制造产业等。

（六）水资源节约和非常规水资源开发利用项目。包括节水改造、海水（苦咸水）淡化、中水利用等。

（七）污染防治项目。包括污水垃圾等环境基础设施建设，大气、水、土壤等突出环境问题治理，危废、医废、工业尾矿等处理处置。

（八）生态农林业项目。包括发展有机农业、生态农业，以及特色经济林、林下经济、森林旅游等林产业。

（九）节能环保产业项目。包括节能环保重大装备、技术产业化，合同能源管理，节能环保产业基地（园区）建设等。

（十）低碳产业项目。包括国家重点推广的低碳技术及相关装备的产业化，低碳产品生产项目，低碳服务相关建设项目等。

（十一）生态文明先行示范实验项目。包括生态文明先行示范区的资源节约、循环经济发展、环境保护、生态建设等项目。

（十二）低碳发展试点示范项目。包括低碳省市试点、低碳城（镇）试点、低碳社区试点、低碳园区试点的低碳能源、低碳工业、低碳交通、低碳建筑等低碳基础设施建设及碳管理平台建设项目。

我委将根据实际情况，适时调整可采用市场化方式融资的绿色项目和绿色债券支持的范围，并继续创新推出绿色发展领域新的债券品种。

二、审核要求

（一）在相关手续齐备、偿债保障措施完善的基础上，绿色债券比照我委"加快和简化审核类"债券审核程序，提高审核效率。

（二）企业申请发行绿色债券，可适当调整企业债券现行审核政策及《关于全面加强企业债券风险防范的若干意见》中规定的部分准入条件：

1. 债券募集资金占项目总投资比例放宽至80%（相关规定对资本金最低限制另有要求的除外）。

2. 发行绿色债券的企业不受发债指标限制。

3. 在资产负债率低于75%的前提下，核定发债规模时不考察企业其他公司信用类产品的规模。

4. 鼓励上市公司及其子公司发行绿色债券。

（三）支持绿色债券发行主体利用债券资金优化债务结构。在偿债保障措施完善的情况下，允许企业使用不超过50%的债券募集资金用于偿还银行贷款和补充营运资金。主体信用评级 AA+ 且运营情况较好的发行主体，可使用募集资金置换由在建绿色项目产生的高成本债务。

（四）发债企业可根据项目资金回流的具体情况科学设计绿色债券发行方案，支持合理灵活设置债券期限、选择权及还本付息方式。

（五）对于环境污染第三方治理企业开展流域性、区域性或同类污染治理项目，以及节能、节水服务公司以提供相应服务获得目标客户节能、节水收益的合同管理模式进行节能、节水改造的项目，鼓励项目实施主体以集合形式发行绿色债券。

（六）允许绿色债券面向机构投资者非公开发行。非公开发行时认购的机构投资者不超过200人，单笔认购不少于500万元人民币，且不得采用广告、公开劝诱和变相公开方式。

附件 国家发展和改革委员会公开发布企业债券（专项债券）发行指引

三、相关政策

（一）地方政府应积极引导社会资本参与绿色项目建设，鼓励地方政府通过投资补助、担保补贴、债券贴息、基金注资等多种方式，支持绿色债券发行和绿色项目实施，稳步扩大直接融资比重。

（二）拓宽担保增信渠道。允许项目收益无法在债券存续期内覆盖总投资的发行人，仅就项目收益部分与债券本息规模差额部分提供担保。鼓励市级以上（含）地方政府设立地方绿色债券担保基金，专项用于为发行绿色债券提供担保。鼓励探索采用碳排放权、排污权、用能权、用水权等收益权，以及知识产权、预期绿色收益质押等增信担保方式。

（三）推动绿色项目采取"债贷组合"增信方式，鼓励商业银行进行债券和贷款统筹管理。"债贷组合"是按照"融资统一规划、债贷统一授信、动态长效监控、全程风险管理"的模式，由银行为企业制定系统性融资规划，根据项目建设融资需求，将企业债券和贷款统一纳入银行综合授信管理体系，对企业债务融资实施全程管理。

（四）积极开展债券品种创新。对于具有稳定偿债资金来源的绿色项目，可按照融资—投资建设—回收资金封闭运行的模式，发行项目收益债券；项目回收期较长的，支持发行可续期或超长期债券。

（五）支持符合条件的股权投资企业、绿色投资基金发行绿色债券，专项用于投资绿色项目建设；支持符合条件的绿色投资基金的股东或有限合伙人发行绿色债券，扩大绿色投资基金资本规模。

（六）为推动绿色项目建设资金足额到位，鼓励绿色项目采用专项建设基金和绿色债券相结合的融资方式。已获准发行绿色债券的绿色项目，且符合中央预算内投资、专项建设基金支持条件的，将优先给予支持。

附件4 配电网建设改造专项债券发行指引

为满足全面建成小康社会、深入推进新型城镇化对配电网优化和升级的需要，加大企业债券融资方式对配电网建设改造的支持力度，引导和鼓励社会投入，制定本指引。

一、鼓励相关企业发行配电网建设改造专项债券，募集资金用于电力需求稳定、未来收入可预测的配电网建设改造项目及相关装备制造。具体包括：110千伏及以下城市及农村电力网络建设，其中城市地区可扩大至220千伏电网；配电网装备提升与制造；配电自动化建设；新能源接入工程；电动汽车充电基础设施建设等电能替代项目。

"配电网"是指通过配电设施就地或逐级分配给各类用户的高、中、低压电力网络，其配电设施由架空线路、电缆、杆塔、配电变压器、隔离开关、无功补偿装置以及相关附属设施组成；"配电网建设改造"是指企业投资新建配电网项目或应用新技术、新产品、新工艺，提高配电网装备水平，推进智能化升级。

二、在相关手续齐备、偿债措施完善的基础上，配电网建设改造专项债券比照我委"加快和简化审核类"债券审核程序，提高审核效率。

三、在偿债保障措施较为完善的基础上，企业申请发行配电网建设改造专项债券，可适当调整企业债券现行审核政策及《关于全面加强企业债券风险防范的若干意见》中规定的部分准入条件。

（一）允许上市公司子公司发行配电网建设改造专项债券。

（二）对企业尚未偿付的短期高利融资余额占总负债比例不进行限制，但

附件 国家发展和改革委员会公开发布企业债券（专项债券）发行指引

发行人需承诺采取有效的风险隔离措施。

（三）项目建设期限较长的，企业可申请将专项债券核准文件的有效期从现行的 1 年延长至 2 年。在该期限内根据项目建设资金需求和市场情况自主择机发行，但需确保企业发行债券资质在此期间未发生不良变化，同时应持续做好信息披露工作。

四、加大政策支持力度。鼓励地方政府通过运用预算内资金或其他专项资金，通过投资补助、担保补贴、债券贴息等多种方式，支持配电网建设改造专项债券发行。

五、优化配电网建设改造项目品种方案设计。一是可根据项目资金回流的具体情况科学设计债券发行方案，支持合理灵活设置债券期限、选择权及还本付息方式。二是支持发债企业利用债券资金优化债务结构，在偿债保障措施较为完善的情况下，允许企业使用不超过 50% 的募集资金用于偿还银行贷款和补充营运资金。

六、创新融资担保方式。一是允许配售电企业以应收售电款、电网资产收益权等为专项债券提供质押担保。二是允许装备制造企业以对资质优良且无不良信用记录的企业应收账款为专项债券提供抵押担保。

七、鼓励配电网建设改造项目采取"债贷组合"增信方式，由商业银行进行债券和贷款统筹管理。"债贷组合"是按照"融资统一规划、债贷统一授信、动态长效监控、全程风险管理"的模式，由银行为企业制定系统性融资规划，根据项目建设融资需求，将企业债券和贷款统一纳入银行综合授信管理体系，对企业债务融资实施全程管理。

八、积极开展债券品种创新，对于具有稳定偿债资金来源的配电网建设改造项目，可按照融资—投资建设—回收资金封闭运行的模式，发行项目收益债券；项目回收期较长的，支持发行可续期或超长期债券。

附件5 双创孵化专项债券发行指引

为充分发挥各类创新主体的创造潜能，形成"大众创业、万众创新"的生动局面，加大企业债券融资方式对双创孵化项目的支持力度，引导和鼓励社会投入，制定本指引。

一、支持提供"双创孵化"服务的产业类企业或园区经营公司发行双创孵化专项债券，募集资金用于涉及双创孵化服务的新建基础设施、扩容改造、系统提升、建立分园、收购现有设施并改造等，包括但不限于纳入中央预算内资金引导范围的"双创"示范基地、国家级孵化园区、省级孵化园区以及经国务院科技和教育行政管理部门认定的大学科技园中的项目建设。

"双创孵化"服务是指为降低企业的创业风险和创业成本，提高企业的成活率和成功率，为入孵企业提供研发、中试生产、经营的场地和办公方面的共享设施以及提供政策、管理、法律、财务、融资、市场推广和培训等方面的服务。

二、在相关手续齐备、偿债措施完善的基础上，双创孵化专项债券比照我委"加快和简化审核类"债券审核程序，提高审核效率。

三、在偿债保障措施较为完善的基础上，企业申请发行双创孵化专项债券，可适当调整企业债券现行审核政策及《关于全面加强企业债券风险防范的若干意见》中规定的部分准入条件。

（一）允许上市公司子公司发行双创孵化专项债券。

（二）双创孵化专项债券发行主体不受发债指标限制。

（三）对企业尚未偿付的短期高利融资余额占总负债比例不进行限制，但发行人需承诺采取有效的风险隔离措施。

（四）不受"地方政府所属城投企业已发行未偿付的企业债券、中期票据余额与地方政府当年GDP的比值超过12%的，其所属城投企业发债应严格控制"的限制。

四、支持运营情况较好的双创孵化园区经营公司，在偿债保障措施完善的条件下发行双创孵化专项债券用于优化公司债务结构。

五、地方政府应积极引导社会资本参与双创孵化项目建设，进一步完善双创产业发展规划，积极制定投资分担、使用付费、明晰产权等配套政策，为企业发行专项债券投资双创孵化项目创造收益稳定的政策环境。鼓励地方政府综合运用预算内资金和其他专项资金，通过投资补助、基金注资、担保补贴、债券贴息等多种方式，支持双创孵化专项债券发行。

六、优化双创孵化专项债券品种方案设计。一是可根据项目资金回流的具体情况科学设计债券发行方案，支持合理灵活设置债券期限、选择权及还本付息方式。二是允许发债企业在偿债保障措施较为完善的情况下，使用不超过50%的募集资金用于偿还银行贷款和补充营运资金。三是积极探索预期收益质押担保方式。四是鼓励发债以委托经营或转让—经营—转让（TOT）等方式，收购已建成的双创孵化项目或配套设施统一经营管理。

七、鼓励双创孵化项目采取"债贷组合"增信方式，由商业银行进行债券和贷款统筹管理。"债贷组合"是按照"融资统一规划、债贷统一授信、动态长效监控、全程风险管理"的模式，由银行为企业制定系统性融资规划，根据项目建设融资需求，将企业债券和贷款统一纳入银行综合授信管理体系，对企业债务融资实施全程管理。

八、积极开展债券品种创新。对于具有稳定偿债资金来源的双创孵化项目，可按照融资—投资建设—回收资金封闭运行的模式，发行项目收益债券；项目回收期较长的，支持发行可续期或超长期债券。

九、支持符合条件的创业投资企业、股权投资企业、双创孵化投资基金发行双创孵化债券，专项用于投资双创孵化项目；支持符合条件的双创孵化投资基金的股东或有限合伙人发行双创孵化专项债券，扩大双创孵化投资基金资本规模。

附件6　城市停车场建设专项债券发行指引

为缓解我国城市普遍存在的因停车需求爆发式增长而导致的停车难问题，加大企业债券融资方式对城市停车场建设及运营的支持力度，引导和鼓励社会投入，制定本指引。

一、鼓励企业发行债券专项用于城市停车场建设项目，在相关手续齐备、偿债措施完善的基础上，比照我委"加快和简化审核类"债券审核程序，提高审核效率。

二、在偿债保障措施较为完善的基础上，企业申请发行城市停车场建设专项债券，可适当放宽企业债券现行审核政策及《关于全面加强企业债券风险防范的若干意见》中规定的部分准入条件。

（一）发行城市停车场建设专项债券的城投类企业不受发债指标限制。

（二）债券募集资金可用于房地产开发、城市基础设施建设项目（以下简称主体项目）中配套建设的城市停车场项目，具体投资规模可由主体项目审批部门根据主体项目可行性研究报告内容出具专项意见核定。

（三）募集资金占城市停车场项目总投资比例由不超过60%放宽至不超过70%。

（四）将城投类企业和一般生产经营性企业需提供担保措施的资产负债率

要求分别放宽至 70% 和 75%；主体评级 AAA 的，资产负债率要求进一步放宽至 75% 和 80%。

（五）不受"地方政府所属城投企业已发行未偿付的企业债券、中期票据余额与地方政府当年 GDP 的比值超过 8% 的，其所属城投企业发债应严格控制"的限制。

（六）城投类企业不受"单次发债规模，原则上不超过所属地方政府上年本级公共财政预算收入"的限制。

三、发债募集资金用于按照"政府出地、市场出资"公私合作模式（PPP）建设的城市停车场项目的，应提供当地政府和相关部门批准同意的城市停车场建设专项规划、实施方案、特许经营方案、资金补助协议，同时应明确项目所用土地的权属和性质。

四、鼓励地方政府综合运用预算内资金、城市基础设施建设专项资金，通过投资补助、基金注资、担保补贴、贷款贴息等多种方式，支持城市停车场建设专项债券发行。地方价格部门应及时制定和完善停车场收费价格政策，保护城市停车场的合理盈利空间。

五、优化城市停车场建设项目品种方案设计。一是可根据项目资金回流的具体情况科学设计债券发行方案，支持合理灵活设置债券期限、选择权及还本付息方式。二是积极探索停车设施产权、专项经营权、预期收益质押担保等形式。三是鼓励发债用于委托经营或转让—经营—转让（TOT）等方式，收购已建成的停车场统一经营管理。

六、鼓励城市停车场建设项目采取"债贷组合"增信方式，由商业银行进行债券和贷款统筹管理。"债贷组合"是按照"融资统一规划、债贷统一授信、动态长效监控、全程风险管理"的模式，由银行为企业制定系统性融资规划，根据项目建设融资需求，将企业债券和贷款统一纳入银行综合授信管理体系，对企业债务融资实施全程管理。

七、积极开展债券品种创新，对于具有稳定偿债资金来源的停车场建设项目，可按照融资—投资建设—回收资金封闭运行的模式，开展项目收益债券试点。

附件7　养老产业专项债券发行指引

近年来，我国养老服务业快速发展，以居家为基础、社区为依托、机构为支撑的养老服务体系初步建立。但总体上看，养老服务和产品供给不足、市场发育不健全、城乡区域发展不平衡等问题还十分突出。为贯彻《国务院关于加快发展养老服务业的若干意见》（国发〔2013〕35号）精神，加大企业债券融资方式对养老产业的支持力度，引导和鼓励社会投入，制定本指引。

一、支持专门为老年人提供生活照料、康复护理等服务的营利性或非营利性养老项目发行养老产业专项债券，用于建设养老服务设施设备和提供养老服务。发债企业可使用债券资金改造其他社会机构的养老设施，或收购政府拥有的学校、医院、疗养机构等闲置公用设施并改造为养老服务设施。

二、对于专项用于养老产业项目的发债申请，在相关手续齐备、偿债保障措施完善的基础上，比照我委"加快和简化审核类"债券审核程序，提高审核效率。

三、在偿债保障措施较为完善的基础上，企业申请发行养老产业专项债券，可适当放宽企业债券现行审核政策及《关于全面加强企业债券风险防范的若干意见》中规定的部分准入条件。

（一）发行养老产业专项债券的城投类企业不受发债指标限制。

（二）债券募集资金可用于房地产开发项目中配套建设的养老服务设施项

目，具体投资规模可由房地产开发项目审批部门根据房地产开发项目可行性研究报告内容出具专项意见核定。

（三）募集资金占养老产业项目总投资比例由不超过60%放宽至不超过70%。

（四）将城投类企业和一般生产经营性企业需提供担保措施的资产负债率要求分别放宽至70%和75%；主体评级AAA的，资产负债率要求进一步放宽至75%和80%。

（五）不受"地方政府所属城投企业已发行未偿付的企业债券、中期票据余额与地方政府当年GDP的比值超过8%的，其所属城投企业发债应严格控制"的限制。

（六）城投类企业不受"单次发债规模，原则上不超过所属地方政府上年本级公共财政预算收入"的限制。

四、优化养老产业专项债券品种方案设计。一是根据养老产业投资回收期较长的特点，支持发债企业发行10年期及以上的长期限企业债券或可续期债券。二是支持发债企业利用债券资金优化债务结构，在偿债保障措施较为完善的情况下，允许企业使用不超过50%的募集资金用于偿还银行贷款和补充营运资金。

五、支持发债企业按照国土资源部《养老服务设施用地指导意见》有关规定，以出让或租赁建设用地使用权为债券设定抵押。

六、发债企业以出让方式获得的养老服务设施用地，可以计入发债企业资产；对于政府通过PPP、补助投资、贷款贴息、运营补贴、购买服务等方式，支持企业举办养老服务机构、开展养老服务的，在计算相关发债指标时，可计入发债企业主营业务收入。

七、支持企业设立产业投资基金支持养老产业发展，支持企业发行企业债券扩大养老产业投资基金资本规模。

八、积极开展债券品种创新，对于具有稳定偿债资金来源的养老产业项目，可按照融资—投资建设—回收资金封闭运行的模式，开展项目收益债券试点。

附件8 战略性新兴产业专项债券发行指引

战略性新兴产业是以重大技术突破和重大发展需求为基础，对经济社会全局和长远发展具有重大引领带动作用，知识技术密集、物质资源消耗少、成长潜力大、综合效益好的产业。为贯彻《国务院关于加快培育和发展战略性新兴产业的决定》（国发〔2010〕32号）精神，落实今年中央经济工作会议精神和国务院有关工作部署，加大企业债券对培育和发展战略性新兴产业的支持力度，引导和鼓励社会投入，制定本指引。

一、鼓励节能环保、新一代信息技术、生物、高端装备制造、新能源、新材料、新能源汽车等领域符合条件的企业发行战略性新兴产业专项债券融资，重点支持《"十二五"国家战略性新兴产业发展规划》（国发〔2012〕28号）中明确的重大节能技术与装备产业化工程、重大环保技术装备及产品产业化示范工程、重要资源循环利用工程、宽带中国工程、高性能集成电路工程、新型平板显示工程、物联网和云计算工程、信息惠民工程、蛋白类等生物药物和疫苗工程、高性能医学诊疗设备工程、生物育种工程、生物基材料工程、航空装备工程、空间基础设施工程、先进轨道交通装备及关键部件工程、海洋工程装备工程、智能制造装备工程、新能源集成应用工程、关键材料升级换代工程以及新能源汽车工程二十大产业创新发展工程项目。

二、对于专项用于战略性新兴产业项目的发债申请，在相关手续齐备、偿债保障措施完善的基础上,比照我委"加快和简化审核类"债券审核程序,提高审核效率。

三、鼓励战略性新兴产业专项债券采取"债贷组合"增信方式,由商业银行进行债券和贷款统筹管理。"债贷组合"是按照"融资统一规划、债贷统一授信、动态长效监控、全程风险管理"的模式,由银行为企业制定系统性融资规划,根据项目建设融资需求,将企业债券和贷款统一纳入银行综合授信管理体系,对企业债务融资实施全程管理。

四、优化战略性新兴产业专项债券品种方案设计。一是可根据项目资金回流的具体情况科学设计债券发行方案,支持合理灵活设置债券期限、选择权及还本付息方式。二是支持发债企业利用债券资金优化债务结构,在偿债保障措施较为完善的情况下,允许企业使用不超过50%的募集资金用于偿还银行贷款和补充营运资金。三是积极探索知识产权质押担保方式。四是允许发债募集资金用于战略性新兴产业领域兼并重组、购买知识产权等。

五、鼓励地方政府加强金融政策和财政政策的结合,综合运用预算内资金支持、战略性新兴产业发展专项资金投入、加快建立包括财政出资和社会资金投入在内的多层次担保体系,以及财政贴息等风险补偿优惠政策,统筹加大对企业发行战略性新兴产业专项债券的政策扶持力度。

六、发行战略性新兴产业专项债券,将《关于试行全面加强企业债券风险防范的若干意见》中提出的原则上需提供担保措施的资产负债率要求放宽至75%;主体评级达到AAA的企业,资产负债率要求进一步放宽至80%。

七、积极开展债券品种创新,对于具有稳定偿债资金来源的战略性新兴产业类项目,可按照融资—投资建设—回收资金封闭运行的模式,开展项目收益债券试点。

附件 9 城市地下综合管廊建设专项债券发行指引

城市地下综合管廊是实施统一规划、设计、施工和维护，建于城市地下用于敷设市政公用管线，满足管线单位的使用和运行维护要求，同步配套消防、供电、照明、监控与报警、通风、排水、标识的市政公用设施，是保障城市运行的重要基础设施。为加快推进以人为本的新型城镇化，推进城市地下综合管廊建设，保障城市安全运行，进一步扩大基础设施投资，发挥稳增长的积极作用，加大债券融资支持城市地下综合管廊建设的力度，制定本指引。

一、鼓励各类企业发行企业债券、项目收益债券、可续期债券等专项债券，募集资金用于城市地下综合管廊建设，在相关手续齐备、偿债措施完善的基础上，比照我委"加快和简化审核类"债券审核程序，提高审核效率。

二、在偿债保障措施较为完善的基础上，企业申请发行城市地下综合管廊建设专项债券，可适当放宽企业债券现行审核政策及《关于全面加强企业债券风险防范的若干意见》中规定的部分准入条件。

（一）发行城市地下综合管廊建设专项债券的城投类企业不受发债指标限制。

（二）募集资金占城市地下综合管廊建设项目总投资比例由不超过60%放宽至不超过70%。

（三）将城投类企业和一般生产经营性企业需提供担保措施的资产负债率要求分别放宽至70%和75%；主体评级 AAA 的，资产负债率要求进一步放宽至75%和80%。

（四）不受"地方政府所属城投企业已发行未偿付的企业债券、中期票据

附件　国家发展和改革委员会公开发布企业债券（专项债券）发行指引

余额与地方政府当年 GDP 的比值超过 8%的，其所属城投企业发债应严格控制"的限制。

（五）城投类企业不受"单次发债规模，原则上不超过所属地方政府上年本级公共财政预算收入"的限制。

（六）对于与新区、开发区、新型城镇化建设规划相配套的综合管廊项目，若项目建设期限超过 5 年，可将专项债券核准文件的有效期从现行的 1 年延长至 2 年。企业可在该期限内根据项目建设资金需求和市场情况自主择机发行。

三、发债企业可根据地下综合管廊项目建设和资金回流特点，灵活设计专项债券的期限、还本付息时间安排以及发行安排。

四、地方政府应积极引导社会资本参与地下综合管廊项目建设，进一步完善城市规划，积极制定投资分担、使用付费、明晰产权等配套政策，为企业发行专项债券投资地下综合管廊项目创造收益稳定的政策环境。鼓励地方政府综合运用预算内资金支持、专项政府债券、城建配套资金等方式，制定多层次风险缓释政策，统筹加大对地下综合管廊建设专项债券的政策扶持力度。

五、鼓励地下综合管廊建设专项债券采取"债贷组合"增信方式，由商业银行进行债券和贷款统筹管理。"债贷组合"是按照"融资统一规划、债贷统一授信、动态长效监控、全程风险管理"的模式，由银行为企业制定系统性融资规划，根据项目建设融资需求，将企业债券和贷款统一纳入银行综合授信管理体系，对企业和项目债务融资实施全程管理。

六、积极开展债券品种创新。鼓励地下综合管廊项目发行可续期债券，根据与使用单位签订合同和付款安排特点设置续期和利息偿付安排。对于具有稳定偿债资金来源的地下综合管廊建设项目，可按照融资—投资建设—回收资金封闭运行的模式，开展项目收益债券试点。

附件10　政府和社会资本合作（PPP）项目专项债券发行指引

为贯彻落实《中共中央国务院关于深化投融资体制改革的意见》《国务院关于创新重点领域投融资机制鼓励社会投资的指导意见》《国务院办公厅转发财政部　发展改革委　人民银行关于在公共服务领域推广政府和社会资本合作模式指导意见的通知》等文件精神，创新投融资机制，拓宽政府和社会资本合作（PPP）项目融资渠道，扩大公共产品和服务供给，根据《公司法》《证券法》《企业债券管理条例》，制定本指引。

一、适用范围和支持重点

政府和社会资本合作（PPP）项目专项债券（以下简称PPP项目专项债券）是指，由PPP项目公司或社会资本方发行，募集资金主要用于以特许经营、购买服务等PPP形式开展项目建设、运营的企业债券。现阶段支持重点为：能源、交通运输、水利、环境保护、农业、林业、科技、保障性安居工程、医疗、卫生、养老、教育、文化等传统基础设施和公共服务领域的项目。

二、发行条件

（一）发行PPP项目专项债券募集的资金，可用于PPP项目建设、运营，或偿还已直接用于项目建设的银行贷款。

（二）PPP项目专项债券应符合《公司法》《证券法》《企业债券管理条例》和我委相关规范性文件的要求。其中，以项目收益债券形式发行PPP项目专项债券，原则上应符合我委印发的《项目收益债券管理暂行办法》的要求。

（三）PPP项目运作应规范、透明，已履行审批、核准、备案手续和实施方案审查程序。鼓励聘请具有相应行业甲级资质的中介机构为项目编制可行性研究报告。

（四）应建立以PPP项目合同为核心的合同体系，相关合同文件应合法、规范、有效，包含股东持股比例、项目运营收益来源和标准（包括但不限于项目运营收入、运营成本、财政补贴、税收优惠、提前终止补偿等）、项目风险分担模式等内容。

（五）PPP项目应能够产生持续稳定的收入和现金流，项目收益优先用于偿还债券本息。来源于政府付费和财政补贴的项目收益应按规定纳入中期财政规划和年度财政预算。

（六）传统基础设施领域的PPP项目应纳入传统基础设施领域政府和社会资本合作（PPP）项目库。

三、审核要求

（一）在相关手续齐备、偿债措施完善的基础上，PPP项目专项债券比照我委"加快和简化审核类"债券审核程序，提高审核效率。

（二）在偿债保障措施完善的情况下，允许企业使用不超过50%的债券募集资金用于补充营运资金（以项目收益债券形式发行PPP项目专项债券除外）。

（三）主体信用等级达到AA+及以上且运营情况较好的发行主体申请发行PPP项目专项债券，可适当调整企业债券现行审核政策要求：

1. 核定发债规模时不考察非金融企业债务融资工具的规模。

2. 发行人可根据实际情况自主选择是否设置市场化增信方式。

3. 以项目收益债券形式申请发行 PPP 项目专项债券，可不设置差额补偿机制，但应明确项目建设期利息偿付资金来源，并提供相应法律文件。

（四）鼓励上市公司及其子公司发行 PPP 项目专项债券。

（五）PPP 项目专项债券发行人可根据项目资金回流的具体情况科学设计债券发行方案，支持合理灵活设置债券期限、选择权及还本付息方式，债券存续期不得超过 PPP 项目合作期限。

（六）PPP 项目专项债券批复文件有效期不超过 2 年。债券发行时发行人自身条件和 PPP 项目基本情况应当未发生可能影响偿债能力的重大不利变化。

四、信息披露和投资者保护

（一）PPP 项目专项债券信息披露要求

1. 发行人和主承销商应在债券发行前，按要求对项目实施方案、PPP 项目合同、项目入库情况、建设运营情况及本期债券可能存在的风险等事项进行充分披露。

2. 发行人和主承销商应在债券存续期内，定期（原则上每个计息年度不少于两次）在中国债券信息网等相关媒体上公告或向投资者通报项目建设进度、项目合同履约情况、运营服务绩效评价结果等信息。

3. 债券存续期内，项目建设、运营情况发生重大变化或发行人发生对投资者有重大影响的事项，应按照规定或约定履行程序，并及时公告或通报。

（二）完善 PPP 项目专项债券投资者保护机制

1. 发行人应在募集说明书中约定投资者保护机制（例如交叉违约条款、事先约束条款等），明确发行人或 PPP 项目本身发生重大事项时的应对措施。

2. 发行人应在募集说明书中约定加速到期条款，出现严重违约、不可抗力或 PPP 项目提前终止等可能损害投资者权益的重大不利情形时，经债券持有人大会讨论通过后，可提前清偿部分或全部债券本金。

附件 11　国家发展和改革委关于支持优质企业直接融资进一步增强企业债券服务实体经济能力的通知

（发改财金〔2018〕1806 号）

各省、自治区、直辖市及计划单列市、新疆生产建设兵团发展改革委：

为深入贯彻落实党中央、国务院关于增强金融服务实体经济能力的决策部署，进一步增强企业债券服务实体经济能力，打好防范化解重大风险攻坚战，提高直接融资比重，优化债券融资服务，推动经济实现高质量发展，现就优质企业发行企业债券有关事项通知如下。

一、支持信用优良、经营稳健、对产业结构转型升级或区域经济发展具有引领作用的优质企业发行企业债券。现阶段重点支持符合以下条件的优质企业：

（一）主体信用等级达到 AAA。

（二）主要经营财务指标应处于行业或区域领先地位。

（三）生产经营符合国家产业政策和宏观调控政策。

（四）最近 3 年未发生公司信用类债券或其他债务违约，且不存在处于持续状态的延迟支付本息事实。

（五）最近 3 年无重大违法违规行为，未纳入失信黑名单。

（六）报告期内财务报表未被注册会计师出具否定意见或无法表示意见，

如被注册会计师出具保留意见的，保留意见所涉及事项的重大影响已经消除。

（七）我委为优化融资监管制定的其他发行条件。

我委积极支持符合条件的优质民营企业发行企业债券，并将根据市场发展情况，适时调整优质企业支持范围。

二、符合条件的企业申报发行优质企业债券，实行"一次核准额度、分期自主发行"的发行管理方式。

（一）债券申报阶段，发行人可就我委各债券品种统一申请额度，批复文件有效期不超过2年。

（二）经我委核准后，发行人可根据市场情况和自身需求，自主灵活设置各期债券的具体发行方案，包括但不限于各期债券规模、期限、选择权及还本付息方式。

（三）发行人在申报阶段可仅设立主承销团，在各期债券发行时明确牵头主承销商及承销团成员。

三、优质企业申报企业债券，应当符合《中华人民共和国公司法》《中华人民共和国证券法》《企业债券管理条例》的相关要求。优质企业债券实行"即报即审"，安排专人对接、专项审核，比照我委"加快和简化审核类"债券审核程序，并适当调整审核政策要求：

（一）在偿债保障措施完善的基础上，允许使用不超过50%的债券募集资金用于补充营运资金。

（二）核定公开发债规模时，按照公开发行的企业债券和公司债券余额不超过净资产40%的口径进行计算。

（三）鼓励符合条件的优质上市公司及其子公司发行企业债券。

（四）允许优质企业依法依规面向机构投资者非公开发行企业债券。

（五）鼓励商业银行以"债贷组合"增信方式，进行债券和贷款统筹管理。

附件 国家发展和改革委员会公开发布企业债券（专项债券）发行指引

四、优质企业债券申报阶段，对债券资金用途实行正负面清单管理。

（一）申报材料应明确债券募集资金拟投资领域，形成"正面清单"。"正面清单"应符合国家产业政策，聚焦企业经营主业。支持优质企业在"正面清单"拟定的范围内依法合规安排使用募集资金，提高债券资金使用效率和灵活度。

（二）申报材料应明确债券募集资金禁止投向领域，形成"负面清单"。"负面清单"包括但不限于：将募集资金借予他人，用于房地产投资和过剩产能投资，用于与企业生产经营无关的股票买卖和期货交易等风险性投资，用于弥补亏损和非生产性支出。"负面清单"领域可根据企业自身经营业务范围进行补充和调整。

（三）鼓励优质企业将债券募集资金用于国家重大战略、重点领域和重点项目，加大基础设施领域补短板力度，加快培育和发展战略性新兴产业，推动经济转型升级和高质量发展。

五、各期债券发行前，发行人应公开披露募集资金拟投资的项目清单和偿债保障措施。

六、优质企业债券发行人、中介服务机构应当切实履行信息披露义务，真实、准确、完整地向投资者充分揭示债券投资风险。

（一）发行人在充分披露报告期内重大财务变化和债券风险情况的基础上，按照《优质企业债券发行信息披露指引》的要求编制募集说明书。

（二）发行人应按照监管部门和交易场所的规定，在存续期内定期披露财务情况、经营情况、募集资金使用情况、项目进展情况等相关信息。如存续期内变更募集资金用途或发生其他对债券持有人权益有重大影响的事项，应符合相关法律法规和政策要求，按照有关规定或约定履行程序，并及时公告。

七、本通知对优质企业的任何表述以及我委对其发行企业债券所做的任何决定，均不表明对发行人的经营风险、偿债风险、诉讼风险以及企业债券的投资风险或收益作出判断和保证。凡欲认购优质企业债券的投资者,请认真阅读募集说明书及有关信息披露文件,进行独立投资判断并自行承担有关风险。

八、各省级发展改革部门可结合各地发展实际,主动服务,积极引导区域内优质企业开展企业债券直接融资,将债券募集资金投向符合国家产业政策的实体经济领域。

九、加强优质企业债券事中事后监管,切实防范偿债风险。

(一)每年4月30日前,发行人、主承销商应向我委报送上一年度优质企业债券募集资金使用和项目进展情况,以及本年度债券本息兑付资金安排和偿付风险排查情况。律师事务所应对项目的合规性发表法律意见。地方企业应将上述材料同时抄报省级发展改革部门。

(二)主承销商应切实履行偿债督促责任,做好各年度债券本息兑付风险排查工作,对出现重大经营困难可能影响债券兑付的,应第一时间提出风险处置方案,并及时向省级发展改革部门和我委报告。

(三)我委将进一步完善企业债券信用档案,并对优质企业债券存续期管理实行"双随机"抽查。各省级发展改革部门应充分发挥属地管理优势,利用社会信用体系建设、大数据预警监测分析等手段,加强对辖区内优质企业债券资金投向、项目建设进度的监督检查,确保债券资金依法合规使用,实施偿债能力动态监控和风险预警,督促发行人做好偿还本息准备,科学有效防范债券市场风险。

参考文献

[1] 北京市国有资产经营有限责任公司2017年公开发行公司债券募集说明书（面向合格投资者）。

[2] 广州国资发展控股有限公司公开发行2016年公司债券募集说明书（面向合格投资者）。

[3] 上海建工集团股份有限公司公开发行2016年可续期公司债券募集说明书（面向合格投资者）。

[4] 乌鲁木齐经济技术开发区建设发展总公司2017年度第一期中期票据募集说明书。

[5]《关于印发〈湖南省企业债券募集和偿债资金监督管理办法〉的通知》（湘发改财金〔2016〕849号）。

[6] 沪深交易所和证监会于2017年3月分别公布的《公司债券存续期信用风险管理指引》和《公司债券受托管理人处置公司债券违约风险指引》。

[7]《银行间债券市场非金融企业债务融资工具突发事件应急管理工作指引》。

[8] 国家发改委出台的《企业债券中介机构信用评价办法》。

[9]《国家发展改革委办公厅关于建立部分地区企业申请企业债券"直通

车"机制的通知》（发改办财金〔2016〕628号）。

［10］《湖北省人民政府关于进一步加强债券融资工作的意见（试行）》（鄂政法〔2011〕10号）。

［11］《江西省人民政府办公厅关于做好债券融资工作的意见》（赣府厅发〔2015〕40号）。

［12］曹振．加快新疆债券市场发展研究［J］．金融发展评论，2014（2）．

［13］杨福伟．信用评级对促进债券市场发展研究——基于新疆银行间债券市场发展视角［J］．资本运营，2014（10）．

［14］端木青．我国企业债券市场存在的问题及对策探析［J］．消费导刊，2008．

［15］陈李宏．我国中小企业债券融资障碍及对策研究［J］．湖北社会科学，2008（8）．

［16］王利民．我国企业债券市场发展中的问题与对策研究［D］．山东大学硕士学位论文，2006．

［17］刘立峰．地方政府投融资及其可持续性［M］．北京：中国发展出版社，2015．

［18］李杨．中国债券市场2016［M］．北京：社会科学文献出版社，2016．

［19］何晓峰等．资本债券融资［M］．北京：中国发展出版社，2012．

［20］沈炳熙，曹媛媛．中国债券市场30年改革与发展［M］．北京：北京大学出版社，2015．

［21］新疆维吾尔自治区发展和改革委员会．企业债券政策汇编［C］．2016．